発達障害の子の
子育て相談

5

性と生の支援
性の悩みやとまどいに向き合う

伊藤修毅 編
"人間と性" 教育研究協議会
障害児・者サークル 著

本の種出版
bookseeds

はじめに　―一人の悩みはみんなの悩み―

この本は、〝人間と性〟教育研究協議会（略称「性教協」）の障害児・者サークルで活動する障害児・者の性教育の実践家や研究者が執筆しました。性教協は、「科学・人権・自立・共生」の四つのキーワードをもとに、子どもと時代の切実な要求に応え、正確な情報を伝え、子どもとともに「性」のあり方や生き方を考えて、たくさんの性教育の実践と研究を積み重ねている団体です。その性教協の課題別サークルの一つとして、障害のある子どもや青年の「性と生」に焦点をあてて研究を続けているのが、障害児・者サークルです。

私たちは、全国で、障害児・者の性教育や性の支援にかかわる講演会やセミナーなどを行っています。学校の先生や障害児・者福祉サービスのスタッフの方だけではなく、障害のあるお子さんをおもちの保護者の方々にも多く参加していただいています。そして、参加していただいた保護者の方々からは、いつもたくさんのご質問やご相談をいただきます。こういった質問や相談の内容は、一人ひとり異なるものですが、共通する部分もたくさんあります。実は「みんなの悩み」である「一人ひとりの悩み」とそれに対する私たちなりの回答を本にまとめることができたらいいなと考えていました。そんな折、本の種出版より、「発達障害の子の子育て相談」シリーズの中に「性の悩みやとまどいに向き合う」ための一冊を入れたいというお話をいただき、この本を出版させていただくことになりました。

この本に挙げられた39の事例は、個人が特定されないように、複数の事例を組み合わせたり、状況を加工したりなどしていますが、実際の相談事例が下敷きとなっているものです。そのため、発達上の困難を抱えているお子さんの保護者の皆さんには、きっと「なんとなく思いあたる節がある」といった事例がいくつか見つかるのではないかと思います。また、小さい子どもから青年までの事例を取り混ぜましたので、将来を見通して、今、何が必要なのかを考えるきっかけにもなるかと思います。

ところで、皆さんは、障害のある子どもたちの「性」をどのようにとらえていらっしゃいますか？　残念なことに、現在の日本社会では、「性」を卑猥《ひわい》なものととらえたり、タブーととらえたりしてしまう傾向がみられます。私たちが「性」をとらえるうえで大切にしていること（それは、すなわち、この本を貫く理念です）を以下にお示しします。

一つ目は「性を肯定的にとらえる」ということです。1999年に香港で行われた世界性科学会議で採択された「性の権利宣言」は「性（セクシュアリティ）とは、人間ひとりひとりの人格に不可欠な要素である」という一文から始まります。人間はすべて性的存在であり、人間が生きていることの中核に「性」があると同時に、性は人権そのものであるということを示しています。

二つ目は、「性を発達的にとらえる」ということです。先ほどの「性の権利宣言」の冒頭の一文は、「セクシュアリティが充分に発達するためには……」と続きます。つまり、「セクシュアリティは発達する」のです。「性を発達的にとらえる」ことが必要なのはこのためです。発達保障論の中では、「問題行動」を発達要求ととらえることが大切といわれますが、「性的問題行動」は「性教育要求行動」ととらえることが必要なのです。

この本が、まずは、保護者の皆さんのセクシュアリティをより豊かなものにし、そのうえで、お子さんのセクシュアリティを「みんなで力を合わせて」育んでいくためのきっかけとなれば幸いです。この本をお読みいただいたことが、とかく家庭の内側に閉じ込めがちな「性の悩み」を、多くの人とつながることを通して「みんなの悩み」として考えていくための第一歩となればと思います。

2016年7月
執筆者を代表して（編者）　伊藤修毅

もくじ

性と生の支援—性の悩みやとまどいに向き合う

先生、相談です。性と生への第一歩

コラム

先生、相談です。思春期を迎える前に

コラム

先生、相談です。思春期まっただなか

先生、相談です。

性と生への第一歩

先生、相談です。

性と生への第一歩

4歳児 女子

未診断

保育園に在籍

1 「赤ちゃんはどこから来るの」と聞かれて困りました

保育園のお友達のお母さんが妊娠されたことを知って、「赤ちゃんはどこから来るの?」「どうやってできるの?」としつこく聞いてきます。困ったし、その場でうまく教えられそうにもなく、とりあえず「コウノトリさんが運んでくるんだよ」と答えたのですが、「そんな鳥見たことない!」と言われてしまいました。

子どもは自分の存在理由を知りたがっている

「赤ちゃんはどこから来るの?」という問いには、質問している子ども自身の、生命の意味を知りたい、自分の存在理由を知りたい、という思いが含まれています。「自分はどこから来たの?」という素朴な疑問です。自分のルーツを知りたいというのは誰でも自然に思うことです。人は知らないと安心して生きていけないのです。となると、ごまかしたりうそをついたりはできません。子どもを産み育てる親として、教え導く大人として、責任のある答え方をしてください。

知りたいときこそ教えるチャンスでもあります。しかも、幼児期は、ポルノ的な

不正確な情報を取り入れる前の毒されていない純粋なときです。この時期にこそ、出産や性交についての正しい知識を教えることが大切です。

「どこから生まれるの？」にはこう答えよう

「赤ちゃんはどこから生まれる？」という子どもの自然な疑問に対して、ごまかしもせず、うそもつかずに、さらりと本当のことを伝えましょう。

最初は、「女の人の股の間には三つの穴（道）があってね、おしっこが出る穴とうんちが出る穴の間にもう一つ、〝赤ちゃんが通る道〟があるの。お母さんのおなかの中で大きくなった赤ちゃんは、その道を通って生まれてくるのよ」というくらいの説明で「ふーん」と納得してくれるのではないでしょうか。大切なのは、ごまかさない、隠さないことです。

何度か同じような質問をしてくるかもしれません。そのつど、たとえば「〝赤ちゃんが通る道〟のことを膣《ちつ》っていうのよ」「膣の奥のほうには、〝赤ちゃんが育つ部屋〟があって、そこを子宮っていうのよ」「赤ちゃんは、子宮の中で、大切に育てられて大きくなるの」など、必要に応じて少しずつ詳しい説明にしてください。

もし、お子さんが、「〝赤ちゃんが通る道〟を見せて」と言ってきたら、「そこはとっても大切なところで、簡単に人に見せるところじゃないのよ」と言いながら、きちんと性器の描かれている絵本やイラストを見せるのがいいでしょう。

生命誕生のしくみについては…

子どもは成長するにつれて、赤ちゃんは「どうやってできたの?」と生命誕生のしくみをも聞いてくるかもしれません。この質問には、おおらかにとらえてこのように答えましょう。お母さんのからだの中にある赤ちゃんのもとと、お父さんのからだの中にある赤ちゃんのもとが一つになると、赤ちゃんができるのよ」と。さらに、どうやって一つになるのかを質問してきたら、あとで紹介する『せっくすのえほん』のように伝えてみてください。

「自分はかけがえのない存在」という気持ちを育む

お子さんが生まれたときに、母親やまわりのみんながどれだけ喜んだか、感動の気持ちを十分に伝えましょう。たとえば、「生まれてきてくれてありがとう」「あなたがいてくれてほんとうによかった」「あなたがいるとうれしいよ」などの言葉を伝えてみてはどうでしょうか。いのちの大切さ、自分という存在がかけがえのないものだということを実感できるようにしてください。

妊娠中のお母さんのおなかの赤ちゃんにも、「みんな生まれてくるのを、楽しみに待ってるよ」と、子どもと一緒にそっと話しかけましょう。

絵本や芸術作品を通して性に親しむ

『せっくすのえほん』では、いのちの誕生を「おとうさんと　おかあさんが／かわいい　あかちゃん　ほしいねと／なかよく　いっしょに　ねる　ときに……。／おかあさんの　ちつへ／おとうさんの　おちんちんを　いれて／せいしを　しきゅうへ　はこぶ。／たくさん　たくさん　せいしは　とびだす。／この　ことを　えいごで　せっくすと　いうの。」と伝えています。このような性を学ぶための絵本はたくさんあります（p50「本の紹介」参照）。

また、ピカソには性器が出ている絵が多くあり、芸術作品です。海外では裸の絵はごく自然にあります。日本でも性器を信仰の対象としたり、男女の交わりを絵画に描いたりと、性と親しむことのできる文化・芸術はたくさん存在します。こういった作品はこころを豊かにし、セクシュアリティを育む基礎となるものなので、幼児の頃から慣れ親しむことをお勧めします。

大人自らが性を肯定的に語れるようになること

性について語りにくいという状態は、大人自身が性に偏見をもっているということです。子どもの性の問題は、実は親も含めて大人の側の問題であるといえます。

大人が性について科学的な正しい知識をもって、自らの生き方において性を肯定的に考えられるようになってこそ、子どもの性的行動に共感をもって対応できるものです。（鈴木良子）

先生、相談です。

性と生への第一歩

4歳児
男子
知的障害
保育園に在籍

2 「どうしてママにはおちんちんがないの」と聞かれ、はぐらかしてしまいました

一緒にお風呂に入っているときに、「どうしてママにはおちんちんがないの？」と聞かれました。いつかはそのような性的なことを聞いてくると覚悟はしていましたが、実際に聞かれると動揺してしまい、「そんなこと言わないの」とはぐらかしてしまいました。やっぱり、きちんと教えなきゃいけないですよね。

この発見は大きな驚き

こんな例がありました。ある日のこと、特別支援学校に通う小学部1年生のケンちゃんが担任のところにとんできました。「先生、大変だよ！　アヤちゃん、おちんちんないよ、どうしたの？　けがしてとれちゃったの？」と真剣です。アヤちゃんはクラスでただ一人の女の子。たまたまパンツを脱いだところを見かけて、おちんちんがないことを発見、驚いて知らせに来たのでした。

「おちんちんがあるのは男の子、女の子にはおちんちんはないのよ」と先生から言われても、すぐには信じられません。先生が写真絵本を開き、「男の子にはおち

んちんがあり、女の子にはおちょんちょん（p59コラム参照）がある」ことを丁寧に話してくれて、ようやくケンちゃんも納得したのでした。

男の子ってなあに、女の子ってなあに

幼児期からきちんとペニス／ワギナという性器の名前（幼児語を使うことが適切な段階の子どもには「おちんちん／おちょんちょん」）を教えることで、性器にきちんと向き合う力が養われ、排尿、排泄《はいせつ》、性器洗い、自慰ができる土台ができあがります。「性器はとても大切な、触れると気持ちがいいところである」というポジティブなからだの意識を育てることが大切です。性器は触れることができるのがまず大事で、洗い方、特に男の子は包皮をむいて優しくペニスを洗うこと、そして気持ちがよくなることを〝敬意をもって〟教えなくてはなりません。こうしたことは将来の性的自立のカギとなる自慰（マスターベーション）の獲得への大切なプロセスとなります。

自分が女の子／男の子であるということがわかり始めるのは、言葉の獲得時期と重なる2歳頃、ほかの子の性別がわかるのは4、5歳頃といわれます。性器が男女を区分する中心だと認識するには6、7歳の発達の力を必要とし、男女の客観的な理解は、知的発達に遅れがある子どもにとって高いハードルです。更衣室やトイレの男女の表示マークや衣服、排泄の絵などを通して学ばせるなどの工夫が必要です。

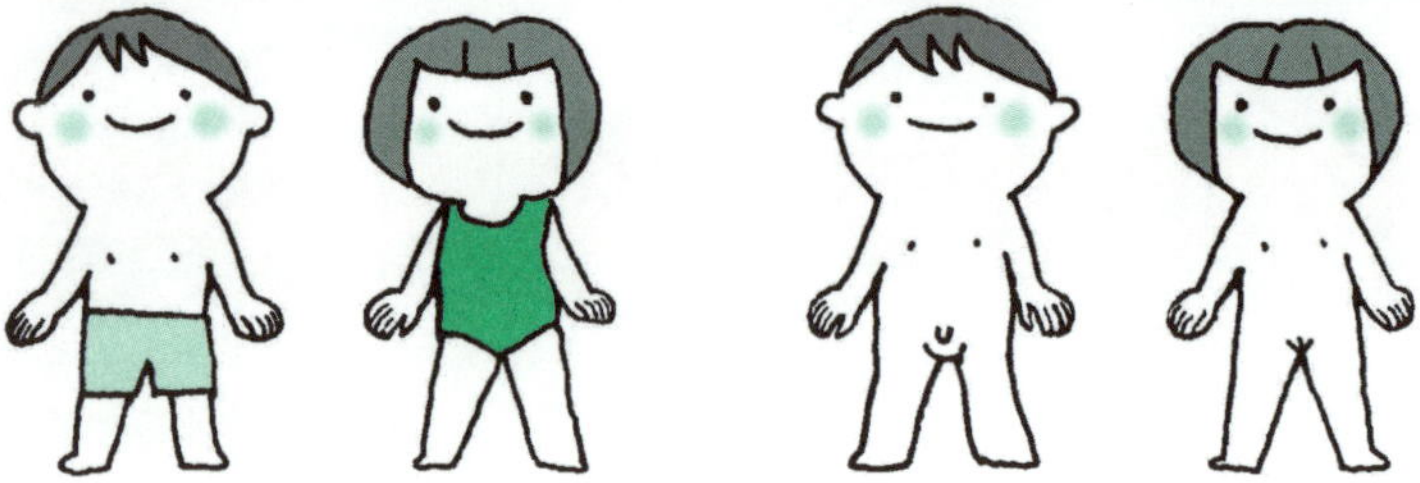

からだはいいもの、すばらしいもの

男女の違いがあることを発見したばかりの子どもたちに接するとき気をつけたいのは、タブー視を植えつけないことです。性器についての話題をはぐらかすのもそうですが、性器にさわると「汚いからだめ」という言い方や、性器をさわった手を汚いと過剰に意識した言い方をするのは避けたいものです。自分自身が汚いと否定されたように感じ、繰り返し言われることで自己肯定感を下げてしまうからです。

ペニスに手がいくたびに親から制止されることによりペニスは「さわってはいけないもの」という意識が身についたまま思春期を迎え、「おちんちんを洗おうね」と言われるのもいやがり、親を受け付けない、ペニスを洗えない、手を使って自慰ができないといった姿となって、あとに尾をひくことはしばしばみられます。

特に大切な「プライベートゾーン」を教える

男女のからだの違いを知った子どもは関心を寄せる人の性器を見たり、さわったりして確かめようとすることがあります。この行動はからだの事実を知った新鮮な驚きと感動の現れですから、叱らないでほしいものです。写真や映像、性器がついている人形などで知的好奇心に応えるとともに、大切なからだのなかでも特に大切な「プライベートゾーン」があることを伝えます。プライベートゾーンとは、具体的には性器、お尻、胸（下着や水着で隠れるところ）と、口です。

プライベートゾーンは、特別な人や場合にしか見せたり、さわらせたりしないように伝えるとともに、ほかの人にも同じようにプライベートゾーンがあり、その人の了解なしに見たりさわったりしてはいけないことも伝える必要があります。また、勝手にさわったり見たりする人がいたら、「いや」と言って「逃げる」、そして信頼できる大人に「相談する」ことも教えておきたいものです。（鈴木良子）

コラム

プライベートゾーン

○見せたりさわらせたりしていいのは…

お医者さんにみてもらう

お風呂やさんなどで着替える

先生、相談です。

性と生への第一歩

5歳児

生物学的には男子

自閉症スペクトラム

保育園に在籍

3 入学祝いの黒のランドセルを泣いて放り出しました

小さいときからいろいろありましたが、やっと来年小学校入学となるまで大きくなりました。祖父母が入学祝いに黒いランドセルを送ってくれましたが、息子はそれを見ると泣いて放り出しました。これまでも、男の子にしてはかわいいものを喜ぶとは思っていましたが……。本人に聞いても、何も話してくれません。

性別に違和感を覚えているのかも…

小学校入学というのは本人にとっても大きな節目です。節目の時期は、期待と同時に大きな不安があるものです。小さいときからいろいろあったお子さんにとっては、不安をより強く感じているのではないかと思われます。まわりの大好きな大人たちが祝ってくれる、本当はうれしいはずの贈り物を泣いて放り出してしまう、そんな自分の行動によっても、傷ついているのではないでしょうか。

なぜなのか問われても、自分でもうまく言えない混乱の中にいるのかもしれませんね。「男の子にしてはかわいいものを喜ぶとは思っていましたが」ということは、

もしかしたら性別に違和感があるのではないかと感じておられるのでしょう。基本的なことをいくつかお話しします。

性別は「こころの性」が優先

人は生まれたときの外性器の特徴から「男」か「女」に判別されます（どちらかに判別されない性分化疾患〈p48コラム参照〉もある）。これを「からだの性」といいます。4、5歳頃までには男女の違いに気づき、自分の性別を認識するようになります。これを「こころの性」もしくは「性自認」といいます。「からだの性」と「こころの性」が一致しないことを「トランスジェンダー」「性同一性障害」「性別違和」などといいます。「からだの性」と「こころの性」が一致する場合は「シスジェンダー」といいます。

そして、「からだの性」と「こころの性」が一致しない場合には、「こころの性」を優先させます。ぜひ、この点を覚えておいてください。

「性は多様」を前提に考える

思春期が近づくと、恋愛感情や、性的欲望が芽生えてきます。そのときに自分の「こころの性」に対しどういった性に向かうのか、これを「性指向」といいます。自分の性と同じ性に向かう場合は「同性愛（ホモセクシュアル）」、異なる性に向か

う場合は「異性愛（ヘテロセクシュアル）」、両方に向かう場合は「両性愛（バイセクシュアル）」、どこにも向かない場合は「無性愛（アセクシュアル）」といいます。

重要なのは、このどれも異常ではないということ。つまり、異性愛が正常で同性愛などは異常、もってのほか、という考え方は誤りだという点です。

そもそも性は「男」と「女」に二分されるものでなく多様なものです。これが国際的に推進されている包括的性教育（p137コラム参照）の基本です。性は多様であることが大前提であり、「性自認」も「性指向」も決めるのはその人、その人がもっているあたりまえの権利だということが国際社会では確認されています。

「男らしさ」「女らしさ」の押しつけはいたるところに

私たちは無意識のうちに、子どもたちに一定の「男」「女」の形を押しつけているときがあります。たとえば「男の子のくせに泣かないの！」「女の子なのだから優しい言葉を使いなさい！」などと男の子には強さを、女の子には優しさ・かわいらしさを求めることはよくあることです。言葉やしぐさだけでなく、おもちゃや持ち物も男女別に分かれ、色にも、男の子色、女の子色という暗黙の通念があります。こういったことが重なると「男らしさ」「女らしさ」の押しつけになっていきます。

しかし、子育てで大事なのは、「男らしさ」「女らしさ」ではなく「自分らしさ」をどう育むかではないでしょうか。子どもたちは、自分の感覚を肯定されることを通し、より豊かに「自分」を肯定的に育んでいきます。最近は、ランドセルなどは色の選択肢が増えていて、いい傾向だといえるでしょう。

お子さんの今の状態を肯定して！

お子さんは、からだの性は「男」、こころの性は「女」という可能性があります。そのことは決しておかしいことでも、異常なことでもありません。4、5歳頃までに性別を認識すると述べましたが、認識の仕方にはかなり個人差があります。なんとなく性に違和感はあるけれど明確にはできない、うまく表現できない状態でいることも考えられます。また、違和感をもつことがいけないこととしてとらえているかもしれません。いずれにしても本人は、大変な不安の中にいると思われます。性に違和感があるかもしれず、不安の中にいることへのまわりの共感がないと、本人にとってはとてもつらい毎日です。

まずは、男の子がかわいいものを喜ぶことは悪くないこと、黒いランドセルがいやと思うことも悪くないことを、大人側が理解・納得することが大切です。「こころの性」を決めるのを急がせる必要はありません。揺らぎが続くこともあります。安心して揺らぐことができるのがいいのです。そういった環境をつくることが大事です。（日暮かをる）

先生、相談です。

性と生への第一歩

小１　女子

自閉症スペクトラム

特別支援学校に在籍

4 ところかまわず裸になってしまいます

知的障害をともなう自閉症スペクトラムです。どうしても長い時間服を着ていることができず、すぐに裸になってしまいます。特別支援学校に入学してからも直りません。大事なところを衣服で守る、人に見せない、ということを身につけさせるにはどうすればいいでしょうか。

感覚過敏からくる不安感に配慮を

服を着ていることができない原因は何なのでしょうか。もしかすると、おおもとに感覚過敏があるかもしれません。今問題になっていることだけでなく、生活全体がどのような状況なのか、丁寧に読み解くことが必要かもしれません。

感覚過敏は聴覚、視覚、味覚、触覚、その他のあらゆる感覚で起こり、その現れ方や強弱は一人ひとり異なります。過敏さとともに鈍感さも併せもっていることもあり、本人にとっては突然来る過敏（または鈍感）に対する不安は強くあります。そのことだけを問題視し、克服させようとすると、かえって深みにはまることが多

いようです。むしろ支援する側が、不安に寄り添い過敏の状況を理解することで、ゆっくりと緩んでいきます。

たとえば、一つの空間の中ですべての音が同じ音量で聞こえてしまい、必要な音を選び取ることができないことの大変さや、人が少し触れただけでも強い痛みを感じてしまう過敏さや、ざわざわしてしまう感覚などを想像しながらかかわることが大切だとされています。かかわりから生まれる「この人となら大丈夫」といった安心感が、過敏さを軽減していくこともあります。

感覚過敏を前提に取り組む

お子さんの場合、長い間服を着ることができないということのおおもとに触覚過敏があるかどうか考えてみてください。またほかの感覚過敏があるかどうかも検討してみてください。あるとすれば、全体的に不安感が強くあると思われます。本人が少しでも楽しいと思える活動やかかわりの中で、不安感を和らげることから始めましょう。

からだを包み込むように抱くことや、ときには布などを使ってかかわるようなことも意識的にするといいでしょう。布を使うときには、色や素材など本人にとって少しでも刺激が弱いものを探っていくようにしてください。この探っていく取り組みそのものが、大切なことです。

「からだっておもしろい！」「心地いい！」に導く

基本的には、自分のからだが受け止められるようになると自己肯定が進み、不安があっても、大きく崩れなくなるようです。自分のからだを意識し、好きになってくれるといいですね。

お風呂やトイレなど、からだと向き合う時間・空間が、本人にとって心地いいものになることは大事です。本人が心地いいお湯の温度なども確かめながら、お風呂が楽しめるようにしていきます。体を洗ってもらうこと、髪を洗ってもらうことなども心地よく受け入れられていますか。トイレでの排泄《はいせつ》も、気持ちいい場所であってほしいものです。「気持ちいいね」「あったかいね」「さっぱりしたね」などの言葉かけも意識的にしてください。大事に、優しく接することを丁寧に繰り返すことで、からだの気持ちよさが少しずつしみ込み、本人にとっても「大事なもの」としてのからだ感が育まれていきます。

同時にからだの部位もきちんと伝えられるといいですね。からだのそれぞれにきちんと名前があること、性器の名前も含め知ることは基本であり、大事なことです。

大切なからだを守ることの大事さを日々伝えていく

身近な家族が、からだを大切にしている姿を日常的に見ていることは大事です。日々の生活を通し、意識的に伝えていくようにしましょう。朝の着替えや汗をかいたときの着替え、入浴後などは大事にしたい場面です。からだをよく拭き、洗濯された清潔な衣服を身につけ、「心地よさ」「爽快感」や「安心感」を言葉にします。お子さんに対しても、着衣後「大切なところはこれで守れる、ひと安心」といった言葉かけをしていきます。

また、暑さ寒さに対応して着衣を選ぶさま、その日の活動に応じ工夫する姿も、日々伝えていきましょう。こういった何気ない積み重ねが、子どもの中にしみ込み、回り道に思えても確実な力につながっていくものです。

世話をする遊びや世話のようすを見ることで…

「服を着なさい」「着なきゃだめ！」と直接的な指示を繰り返すだけでは、子どもの耳に入らない、入っても素通りしてしまう、ということもあります。そこで視点を変え、人形を使ったやりとり遊びなど有効かもしれません。お子さんがお世話する側となって、赤ちゃんに見立てた人形をお風呂に入れたり、衣服を着せたりするのです。あくまで遊びですから、本人の主体性が大事です。大人が遊んでみせ、引き込まれて部分的に参加するのでもいいでしょう。大人の力を借りながらでも、服を選び着せることが楽しくなれば、お子さん自身の行動につながっていくでしょう。

もし身近に赤ちゃんがいるようなら、世話の実際を身近に見たり、積極的に手伝いをするのもいい機会になることでしょう。（日暮かをる）

先生、相談です。

性と生への第一歩

小２　男子

自閉症スペクトラム

特別支援学級に在籍

5 学校から性器いじりを指摘され、「今のうちになんとかしないと」と言われました

気がつくとズボンに手を入れて性器をさわっています。学校では先生が「今はやめよう」と声をかけたり、手を洗わせたりしていますが、なかなかおさまりません。学校からは、「性器いじりは、今のうちになんとかしないと大人になると犯罪になるよ」と言われました。

自分のからだを慈しむのは正常な行為

「いじる」という言葉は、あれこれとさわってみるという意味のほかに、余計なことをする、いじめる、なぶるといった意味もあり、否定的なイメージをともないます。性器も耳や鼻などと同じ大切なからだの部分です。どの部分も自分の手で大切にさわれることは、自分を慈しむことにつながります。「性器いじり」という否定的な言葉は使いたくないですね。悪いことではなく、自然で正常なことです。

性器をはじめ自分のからだを傷つけるようなことをするときには、そうせざるを得ないような理由を考えつつ、できるだけ自分で納得してやめられるような支援を

考えなくてはなりません。性器などをひどく傷つけ、やめられない場合には、大人が止めることも必要です。

こんなときにも、「あなたのからだを大切に思うから止めさせて」と伝えつつ、止めに入ることです。叱って、無理やりというのは、特に、自閉的傾向が強い子どもには、よくありません。注意を引くためのこだわりになったり、トラウマ的に「いけません、いけません」と口癖になったりしながら、さらにやってしまうようなことも起こります。優しいさわり方であれば、止めることはありません。

学校の勉強がつまらないから?

「学校の勉強がつまらないから?」と見出しをつけました。小学校2年生の男の子が授業中に性器をさわるのは、二次性徴を迎え射精もできるようになった、思春期以降の子がペニスをさわるのとは意味が異なります。ペニスは感覚神経細胞が集中していて、触れると強い刺激がともないます。このことは共通していますが、小学校2年生の男の子の場合、感覚の刺激を求めているだけで、性的な意味はありません。

授業中にさわるということであれば、いちばんの理由は、課題が難しすぎてわからなかったり、簡単すぎて手持ち無沙汰であったりと、要はつまらないからです。これは教師の責任です。家庭でもさわっているようであれば、居場所がなく、受け

止められていないことの訴えであったり、家庭内の出来事を引きずっていたり、あるいは友達関係のストレスかもしれません。もしかすると、包皮をむいてきれいに洗っておらず、炎症を起こしていて、かゆかったり、痛かったりしているのかもしれません。子どもの内面を共感的に理解しながら、「やめなさい」「だめ」と、やめさせようとする前に「どうして」「なぜ」に思いをはせましょう。

手を洗わせるという支援は妥当?

ペニスは、性器と排尿器とを兼ねています。下着で隠している、とっておきのからだの部分で、「プライベートゾーン」とよばれます。自分のからだですから、傷つけないかぎり、さわるのは自由です。でも、他人がいるところなど公的な空間でさわることは、そこにいる人を不愉快な気持ちにさせます。公園などだと、性被害に遭うこともあります。

学校の場合なら、教師は、そっと寄り添いながら、「さわってもいいけれど、みんなの前ではやめよう」と言葉がけをしてほしいものです。家庭であれば、どうしてもさわりたかったら自分の部屋でねと誘導しましょう。一人になれる空間を保障しながら、思う存分触れさせましょう。このときに、自分の大切なペニスだから、優しくさわる、心地よくさわるということを伝えましょう。

さわるために手を洗うことは、尿道の粘膜が細菌により感染症を起こさないためには、大切です。汚い手ではペニスをさわらないということを理解するための支援は必要です。けれども、やめさせるために無理に手を洗わせることはよくありません。手を洗うことがこだわりになり、何をするにも手を神経質に洗う行為を繰り返したり、反対に、食事の前など必要なときに、手を洗えなくなったりすることもあります。

おどしの言葉がけは人間性を踏みにじる

「今のうちになんとかしないと大人になると犯罪になるよ」という教師の言葉は、教育者失格ともいえる不適切発言です。おどしの言葉がけは、子どもの人間性を踏みにじります。自閉症スペクトラムの青年で、ペニスをさわることに嫌悪感をもち、自慰がしたくてもできずに、「さわりません」「さわりません」を繰り返し、自傷が激しくなった事例がありました。子ども時代の「だめ」「犯罪者」という言葉が刷り込まれ、フラッシュバックを起こすようです。「今やめさせたい」ということばかり考えると、将来こんなことも起こります。教師には、子どもの未来に責任をもってもらいたいものです。

気持ちいいこと、心地いいことを大切にしながら、一人の場所では自由にさわっていいことを伝えつつ、何よりも授業や余暇などの本人が楽しい、手応えのある活動を創造しましょう。このように先生にお伝えください。（木全和巳）

先生、相談です。

性と生への第一歩

小２　男子

自閉症スペクトラム

特別支援学級に在籍

6 ほかの子のズボンやスカートを脱がそうとします

保育園の終わり頃から、ときどき、男女問わず、ほかの子のズボンやスカートを脱がそうとすることがあります。そのつど、きつく叱っていたのですが、最近、叱るとパニックのようになり、「ちんちん」「おっぱい」と大声で叫び出します。

子どもの行動には必ず理由がある

人のズボンやスカートを脱がすことは、一般的には問題行動とされ、許したら犯罪行為につながるとして、きつく叱られることはよく見聞きします。しかし、本当にそれがいい対応なのか、少し考えてみましょう。保育園の終わる5歳頃は、ちょうど男女の違いがわかってくる時期です。その時期に、お子さんはどんな気持ちで友達のスカートやズボンを脱がそうとしたのでしょうか。

子どもの行動には必ず理由があります。子ども自身には意識化されていない場合もありますが、読み解いていけば何らかの理由が見つかります。大人が問題と考え

る行動であっても、子ども側からのなぜかが明らかにならないかぎり、その解決にはつながりません。

知りたい思いに応える

お子さんの場合、年齢的にいえば男女の違いがより明確になってくる時期にしっかり違いを確認したい、あるいはスカートやズボンで隠されているものを確認したい、そんな思いから始まった行動とは考えられないでしょうか。確認したいと思うことは、悪いことではありません。自分の思いを実現するにはどうしたらいいのか、いやな思いをした相手の子とともに、考え合う学びのチャンスだったかもしれません。また、自分のからだ、人のからだ、男女の違いなどを学ぶチャンスでもあったと思われます。

絵本などを用意し、一緒に読み、一緒に学ぶことをお勧めします。『あっ！そうなんだ！性と生』（p50「本の紹介」参照）をはじめ、こういったときに役立つ絵本はたくさんあります。

パニックの意味を考えてみよう

自閉症スペクトラムの子どもは、ストレスの発散がうまくコントロールされず、ため込んだストレスがパニックになって表れるといわれています。自分の思いが届

かないまま、きつく叱られた経験が何度もあったとすれば、それはいやな出来事としていつまでもため込まれたままだったのではないかと思われます。また叱られて、それまでの「きつく叱られた」いやな感情が一気にあふれ出しパニックにつながってしまう、そんな構図がみえてきます。

お子さんの抱える不安やストレスを想像してみてください。お子さんがどうしたら自分の不安やストレスとうまくつきあえるか考えてみてください。「叱る」という対応でいいことはないように思いませんか。まずは、お子さんが安心していられる空間、人間関係が必要です。また、失敗が許される経験や集団もあるといいですね。時間をかけ、緩やかに、安心できる実感を積み重ねていくことです。その中から、不安を伝える表現手段を徐々に確立していけるといいですね。

言語化ばかりを急いではいけません。自分の本当の気持ちを表す手段ですから、目、口、手、指、表情、全身、しぐさも含めた表現です。焦らずゆっくり、受け止めながら、が基本です。

困っているのは子ども自身

これまでのお子さんとの関係を考えると、時間がかかるかもしれません。困っているのはお子さん、苦しんでいるのはお子さんなのだということを基本に置いてください。多くの子どもとは異なる感覚をもち、興味関心の偏りもある自閉症スペクトラムのお子さんを育てる親御さんは、本当に大変です。一人でがんばるのではなく、仲間をつくり、ときには愚痴もこぼしてください。でも、とにかく子育てはゆっくり見守るように、です。

なお、子どもが「ちんちん」「おっぱい」「おしり」などと、大きな声ではやすときどう考えるかについては、13も参照してください。（日暮かをる）

コラム

セクシュアリティの発達に必要なこと

「はじめに」で触れた「性の権利宣言」には、「セクシュアリティが充分に発達するためには、触れ合うことへの欲求、親密さ、情緒的表現、喜び、優しさ、愛など、人間にとって基本的なニーズが満たされる必要がある」とあります。第一に「触れ合うことへの欲求」が満たされる必要があるのです。一方で、思春期になると「触れ合い」の禁止が当然のようになっている現状があります。本書では、「触れ合い」の大切さが随所に書かれていますが、そのことがセクシュアリティの発達に必要な第一歩であるということを確認しましょう。

先生、相談です。

性と生への第一歩

小3　男子

知的障害

特別支援学級に在籍

7 うちの子には性は理解できないと思うので、できれば遠ざけておきたいのですが…

小学校3・4年生の保健の教科書には二次性徴が載っていることを知りました。うちの子には難しすぎるし、この先も性にはかかわらないほうがいいと思うので、できれば性から遠ざけておきたいと思うのですが、性に興味をもたせないようにするにはどうすればいいですか。

できれば遠ざけたい、しかし…

障害のあるお子さんに、「性に興味をもってほしくない、できれば遠ざけたい」と思う親御さんは多いようです。「性器いじり」に対して、「羞恥心が理解できないので、どう接していいのかわからない」などの声もよく聞かれます。しかし、障害のあるなしにかかわらず、思春期になると、当然、二次性徴を迎えます。性毛が生えてくるなどのからだの変化に戸惑ったり、性器いじりをしたり、特別に好きな人ができたり、性的なことに興味をもつこともあります。

障害のある子どもを、性にかかわらせないようにしたり、性から遠ざけさせたり、

性に興味をもたせないようにしたりと考えるのではなく、子どもの性的な行動が起こったとき、その行動を受け止められるようにしていれば、性の課題に直面したときでも、冷静に対応できるようになります。そのためには、子どもにかかわるまわりの大人が、「性」にしっかり向き合うという姿勢が大切です。

「性」と向き合うということ

性教育は、自分のからだやこころ、人との関係、社会的な性、多様な性についてなど、その教育内容は多岐にわたっています。自分のからだやこころを知り、大切にすることを学ぶことで、他者のからだとこころも大切にしていくことにつながります。また、どんな人と、どんな関係をつくっていくのか、人として自由に、自分らしく生きていくことを学んでいくのも性教育です。

「性」は、私たちが生きていく中で人としての根幹をなすものであり、「性」と向き合うということは、私たちの「生き方」と向き合うことなのです。つまり、「性＝生」であり、私たちが生活していくうえで、欠かすことのできないものです。障害のあるなしにかかわらず、性から遠ざけることは困難であり、また、人権侵害にもつながっていきます。２００６年には「障害者の権利に関する条約」（p97コラム参照）が国連で採択され、性教育を受ける権利が明記されています。そういう国際的な流れからもいえることです。

子どもは少しずつ確実に大人へと近づいていく

幼く小さかった子どもも、いつの日か二次性徴を迎えて、からだもこころも大人に近づいていきます。こころの成長はゆっくりかもしれませんが、からだは、同年代の子どもたちとほぼ同じように成長していきます。

親にとって、自分の子どもはいつまでも子どもで、子どものままでいてほしいと思うかもしれません。しかし、子どもは日々成長し、少しずつ確実に、大人のからだとこころへと近づいていっています。

性教育は教科書の内容以外にもある

お子さんにとって保健の教科書に載っている内容が難しいようなら、何もそれからではなく、からだの感覚（ボディ・イメージ）を育む学習から始めましょう。「からだってすごいな、からだっていいな」などが実感できる学習です。それを通して、からだとこころを、身近な大人たちから大切にされた経験をたっぷり味わい、その積み重ねによって、自己肯定感を高めていきます。教科書にはない、快の体験もお勧めです（p79コラム参照）。

成長をともに喜ぶ大人の存在が重要

「大きい―小さい」などを比較して理解できるようになるのは、2歳くらいの発達の力だといわれています。この力がつくと、子どもは「大きな自分、成長したい自分」が好きになります。

赤ちゃんや幼児期の実際の大きさと、小学生になった今の自分のからだを型取りし、その大きさを並べて見比べ、「大きく成長した自分」を実感する性教育の実践があります。こういった「大きくなった自分、大きくなりたい自分」という子どもの気持ちに寄り添い、その気持ちに対して肯定的な言葉かけをし、成長を認め、一緒に喜んでくれる大人の存在が重要になってきます。

性的な行動を当然のことと受け止めていきたい

子どもは、一緒に喜んでくれる大人の存在をこころの支えとして、自分のからだを肯定的に受け止めることができるようになっていきます。障害のあるなしにかかわらず、からだの成長をともに喜び、共感してくれる大人の存在はとても大切なのです。

子どもの性的な行動は、人が成長していく過程で、当然のことです。また、それは、子ども自身の発達要求として、かかわる大人自身が受け止められるようにしていきましょう。そうすれば、子どもも大人も心地いい関係が築いていけると確信します。（船越裕輝）

先生、相談です。

性と生への第一歩

小5　女子

知的障害

特別支援学級に在籍

8 服の上からおもちゃで性器をさすります。やめさせるべきでしょうか

会話による意思疎通ができる子どもです。まだ初経は迎えていません。放課後デイ（放課後等デイサービス）の送迎車の中やソファーに座っているとき、お気入りのおもちゃで服の上から性器のあたりをさする行為がみられると聞きました。気持ちをそらすなどして、やめさせるべきでしょうか。

まずは子どもに尋ねることから

「会話による意思疎通ができる」ということですが、小学校の低学年ぐらいの理解の力があるということで述べていきます。

「放課後デイの送迎車の中やソファーに座っているとき」ということで、緊張していたり、夢中で楽しんでいたりする時間ではなく、ぼーっとできる時間、ほっとできる時間に、気に入ったおもちゃで服の上から、無意識にさわってしまうということでしょうか。ソファーに座っているときというのは、自宅の居間でもすることがあるのでしょうか。そんなとき、親御さんはどんな声かけをしたのでしょうか。

自宅でもあるのならば、さわっているときに「気持ちいい？」と、優しく娘さんに尋ねてみてください。娘さんは、はっとしてばつが悪そうに、手を止めますか。叱られると思っていたのにそうでなくて、ほっとした表情をしますか。素直に、なぜかわからないけど気持ちいいと、返事をしてくれますか。

ストレス発散の激しい行為でなければ、ひとまず安心

過度なストレスを発散するための激しい行為であれば、別の要因を考える必要がありますが、そうではなさそうですね。いじめなどの子ども同士の人間関係がうまくいかなかったり、きょうだいと比較されて親にうまく受け止められていないと感じたり、学校での学習が難しすぎて困っていたり、学校で担任の教師に受け止められていないと思ったり、こんなことで、ついついさわると心地いい性器をさすることもありますから。

ここからが人生の先輩の大人として、これから二次性徴を迎え、大人になる娘さんと、話ができる大切な機会です。

子どもと学ぶ女性器のしくみ

はじめに、たとえば『あっ！ そうなんだ！ 性と生』（p50「本の紹介」参照）のような性と生の絵本を用意しましょう。そして、肛門《こうもん》、ワギナ、おしっこの出口、

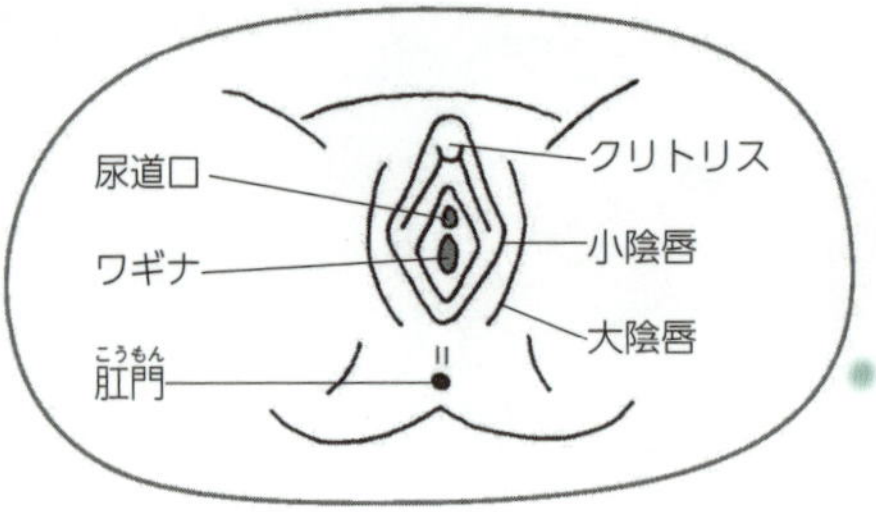

クリトリスの位置を子どもとともに確認しましょう。このときに、クリトリスは、とても敏感で、さわるととても気持ちがいいところだと伝えます。うんちをするときに、前から後ろに紙を使って拭くのは、ばいきんがおしっこの出口やワギナに入らないためということも、伝えてみましょう。

そして、自分のからだは自分のもの、だから、目も耳もみんな大切、特に下着で隠すプライベートゾーンは、そのなかでも特に大切なところだと伝えましょう。これから起こる初経（初潮）、月経のことも、あとから話せるといいですね。

自慰について学べるよう

男性も女性も、自慰そのものは、人間にとって大切な営みです。自然で正常なことです。思春期においては、情緒の安定やホルモンのバランスにつながります。寂しかったり、悲しかったりする気持ちを切り替えるはたらきもあります。マナーを守れば、何回してもかまいません。女性だから、淫乱になるとか、知的障害があるから止まらなくなるとかというのは、誤った考え方、迷信です。大切なことは、必ず自分の部屋で一人になれる場所ですること、おしっこをするときに痛くなるから手を洗ってからすること、優しくさわることなどを伝えましょう。

今おもちゃで車の中やソファーなどの人前でさわっているのは、「一人の場所でないからどうかな？」と伝えればいいことです。

人前でさわっていると、さわってほしくない人に無理やりさわられる危険があることも、伝えましょう。そんなときは「いや」と言うこと、さわられてしまったら相談してほしいことも伝えられるといいですね。「うんわかった」と納得してもらえればしめたものです。事業所の人には、「こんな話を娘としたので『おうちでしようね』と指導してほしい」という伝え方をすればいいのではないでしょうか。

大人になりゆく大切な人として接する

理由をわかりやすく告げることもせず、短いスカートはだめ、股を広げない、パンツを見せない、と、一方的な「『だめだめ』攻撃」と「『女だから』攻撃」をしていませんか。本人に尋ねることなく、親が対処方法を勝手に考えて、放課後の支援者に伝えるという発想そのものが、本人をこれから大人になりゆく大切な人として、認め、扱っていないことになります。知的障害のある子どもではなく、小学校5年生の子どもで、たまたま知的障害がある子どもとして、応答したいですね。

まずは「本人に」「本人と」です。本人抜きにして本人のことを決めないことです。そして、本人と学んだことを事業所に伝えましょう。小学校低学年ぐらいの力があれば、自分で納得したことは、自分の中で消化しつつ、なんとかしようとするものです。本人の力と学びの力を信じて、お子さんとかかわりたいですね。

（木全和巳）

先生、相談です。

性と生への第一歩

小5 ｜ 生物学的には女子

未診断

通常学級に在籍

9 男の子でありたい思いが強く、学校にも通えなくなっています

小さいときから活発で、男の子と一緒に遊ぶことが多く、まねをしてばかりいます。男の子の言葉を使い、スカートをいやがります。一緒に立って排尿しようとしたこともありました。男の子でありたいという思いが強いようです。活発な子だったのに、次第にパニックも増えてきて、今は学校にも通えなくなってしまいました。

性別の違和感で揺れている状態かも

小さいとき活発だったお子さんが、学校に通えなくなるまでの過程を想像すると、本当に親子ともども大変だったであろうと心が痛みます。お子さんは、からだの性は女、こころの性が男である可能性が高いですが、まだ揺れているか、言語化するまでは至ってないのではないかと思われます。性別に違和感がある場合などについての基本的とらえ方は、3を参照してください。

パニック、不登校への理解を

LD（学習障害／学習症）やADHD（注意欠如多動性障害／注意欠如多動症）などの発達障害の認知の歴史はまだ浅く、また障害の現れ方が多様なため、理解が十分には広がってはいない状況にあります。性別への違和感だけでなく、障害による困った思いへの理解や対応の難しさが、パニックにつながっている可能性もあります。お子さんは、いろいろとうまくいかないことや、自分の思いが整理できずまわりにも伝えきれないことなど、もどかしさを抱えているのではないでしょうか。活発であった分、悔しさや、イライラのエネルギーは大きくなっているとも思われます。

学校は、集団生活なので一定の規律（ルール）があります。本来学校の規律とは、子ども一人ひとりの違う感性や感覚、考えを大事にしながら、子どもと教師の学級集団の中で練り上げられていくものであり、柔軟なあり方が追求されるべきものです。しかし、近年、学校現場の多忙化が進むなか、教師に時間的な余裕がなくなり、規律はあらかじめ決まっているものとして子どもたちに提示されることが少なくありません。たとえば、行事の際に身につける服装の色や形の指定、給食は残さないという決まりや、あいさつや掃除の仕方の決まりなどです。この状況が、障害のある子どもたちをいっそう苦しめることになっています。

学校が苦手になっているときは、学校に行かないこともあっていいものとし、不安を除くようにしてください。また、特別支援学級や通級による指導など小集団の

中で、安心して学ぶことができ、居場所とすることができた事例も多くあるので、検討してみるのもいいでしょう。

性別違和を抱えて迎える思春期に寄り添う

思春期は「からだ」が大人に移行していく時期であり、「こころ」も気分の変動が激しくなったり、無性にイライラしたりしながら、子ども期とは違う新たな自分をつくりだしていく時期です。お子さんの年齢から考えると、そのための準備がからだの奥で始まっているのではないかと考えます。もう少しすると二次性徴が始まり、男女の違いが現れてきます。お子さんは、からだの性は女ですから、全体的に丸みを帯びて柔らかい「からだ」になっていき、乳房も発達していくでしょう。月経も始まっていきます。性別違和を抱えているお子さんにとって、二次性徴は自分が思い描いている「からだ」とは別物になっていく、苦しい時期になります。自分は男でありたいと思っているのに、自分の胸が少しずつ膨らんでいく状態を想像してみてください。「毎日着ぐるみを着ているような感覚で、脱ぎたくとも脱げない」と説明した性同一性障害の人がいました。

まずは、二次性徴、月経が始まる前に、予測されるからだの変化について、正しい知識を伝えてください。二次性徴の時期や現れ方については個人差が大きいということも一緒に伝えておいてください。

まわりの理解が不可欠

3でも述べたとおり、性別は本人の「こころの性」で決まるものです。その権利は、親といえども侵すことができません。親御さん自身は性別違和で苦しんだ経験がないとすれば、お子さんの悩みに戸惑われることでしょう。しかし、性は各人が等しくもつ人権の一つです。性別違和感があることはおかしいことではないこと、自分の性を決めるのは自分でいいという権利があることをきちんと伝え、親としていつも味方・応援しているという立ち位置を示してください。

中学生になると、制服、トイレ、更衣室、男女別に分かれる授業などなど、課題がさらに増えていきます。まわりに理解してもらうことがこれまで以上に大事になっていくでしょう。ごく身近な人の理解と応援が不可欠なのです。

やがて、お子さん自身のこころが決まり、いろいろな場で率直に話をする機会がもてれば、同じような悩みを抱える人とも出会えることでしょう。

なお、2015年、文部科学省は「性同一性障害に係る児童生徒に対するきめ細かな対応の実施等について」という通知を出しました。その中で、性同一性障害の児童生徒だけでなく「性的マイノリティ」とされる児童生徒全般について教職員の適切な理解を促進すること、児童生徒の悩みや不安に配慮した対応・支援、相談活動などの実施を、各教育委員会および学校へ要請しています。（日暮かをる）

先生、相談です。

性と生への第一歩

中3 女子

知的障害

特別支援学級に在籍

10 性教育は誰がすべきなのでしょう?

学級内でキス事件があったそうです。保護者会で、保護者からは性教育をきちんとしてほしいという要望を出したのですが、学校は、「それは親の役割」「性教育をするともっとひどくなる」ということでした。そうなのでしょうか。性教育はいったい誰がすべきなのでしょう。

キスは大切な人とのうれしい触れ合い

学級内でキスをした二人は、互いに好意をもっておつきあいをしていたのでしょうか。もしそうだとしたら、ほほえましい光景です。「中学生にはまだ早い」という気持ちはわかりますが、決して罰せられることではありません。なぜ事件扱いをされたのか、本人たちには理解できず、叱られたとしたら、がっかりしているのではないでしょうか。

好きな人と一緒にいたい、触れ合いたいと思うのは、障害がある人にとっても、ごく自然なことです。保護者や教師も、自分たちの青春時代を思い出すと理解でき

るのではないでしょうか。

性教育を受けることは、誰もがもっている権利

「障害者の権利に関する条約」第23条(p97コラム参照)では、障害のある人が、「子の数及び出産の間隔を自由にかつ責任をもって決定する権利を認められ、また、障害者が生殖及び家族計画について年齢に適した情報及び教育を享受する権利を認められる」と明記されています。障害のある人も性教育を受ける権利があるということはいうまでもないことですが、国際社会でも明確に確認されていることです。

「問題行動」は学習のチャンス

保護者や学校が「問題」とする行動で、いちばん困っているのは子どもたちです。理由も教えられずに、いつも何でも「だめだめ」と言われがちな子どもたちが、自分はだめな人間と思い、自信をなくしてしまうのは当然ではないでしょうか。自分のからだが大切、自分は大切という自己肯定感が育って初めて、同じようにほかの人も大切であることが理解できるのです。

性教育を行うと、性的な行動がエスカレートするのではないかと心配する人がいますが、性教育はセックスを奨励するものでもなければ、一方的に禁欲を強いるものでもありません。セックスを人間関係のとても重要なコミュニケーションとして

位置づけたうえで、性的自己決定権を行使するために必要なことを学んでいくプロセスです。自身の中で十分な自覚が育つまで、セックスには慎重であるべきだという判断力を養うのが性教育の役割でもあります。

集団の場での性教育が不可欠

障害の有無にかかわらず、思春期の子どもは変化するからだへの不安があるものです。子どもの不安や性へのネガティブ意識を除去し、むしろ期待感をもって思春期を過ごせるようにするために、学校と連携して対応したいものです。保健の時間に「大人に向かうこころとからだ」の授業を、できれば科学・人権・自立・共生をキーワードとする包括的性教育（p137コラム参照）を、と要望してはどうでしょうか。

子どもが同性や異性の仲間の話を聞き、共感したり、勇気づけられたりする中で自分を振り返り、自己肯定感と仲間への信頼感を育みながら、仲間とともに大人の自分づくりができるような性教育を保障したいものです。

家庭では、父親・母親が、信頼できる大人のモデルとしての役割を担ってください。先輩男性・女性として、思春期・青年期の頃の体験話（失敗も含めた）やアドバイスをするといいでしょう。きっと子どもは共感的に受け止め、安心して、さまざまな相談もできるようになるのではないでしょうか。

いつでもどこでも、そしてみんなで

保護者も学習会を開いて学び、それぞれの悩みや子どもたちに性教育を受けさせたいという思いを共有しましょう。その際には、性教育についての研究や実践をしている研究団体(この本の著者である「〝人間と性〟教育研究協議会　障害児・者サークル」もその一つです)に講師を依頼するといいでしょう。

学習を通して保護者もこころを解放し、おおらかな気持ちで子どもに接していきましょう。たとえ歩みは遅くても、子どもたちは確実に成長していきます。すぐにはできなくても、きっといつか理解します。そのために学校だけでなく、家庭でも、放課後デイでも、卒業後の学びの場や作業所でも、障害があっても性的な存在であるという同じスタンスで接することが大切と考えます。

学校の中にも、性教育に取り組みたいと考えている教師はいるはずです。たとえば養護教諭(保健室の先生)に声をかけるなど、粘り強くいろいろな人と話をし、つながってみてください。

『生活をゆたかにする性教育─障がいのある人たちとつくるこころとからだの学習』(千住真理子著・伊藤修毅編・クリエイツかもがわ刊)には、学校などでの指導案がたくさん載っています。それらをヒントに、いつでもどこでも、そしてみんなで、わいわい明るく楽しい性の学習をしてみましょう。　(八巻真弓・谷森櫻子)

コラム

「性は多様」を出発点に

人間の性は、「こころの性（精神的性別）」「からだの性（生物学的性別）」「性的指向（恋愛の対象）」などのさまざまな要素が複雑にからみ合って、一人ひとりの多様な性を築いています。

こころの性とからだの性が一致（シスジェンダー）し、こころの性と異なる性の人に性的指向がある（ヘテロセクシュアル）人が「マジョリティ」であり、そうでない人を「マイノリティ」と扱う傾向がありますが、そもそも人間の性は「多様」ということを前提とする必要があります。

近年、LGBTという言葉がよく聞かれるようになりました。L＝レズビアン（こころの性が女性で性的指向が女性にある人）、G＝ゲイ（こころの性が男性で性的指向が男性にある人）、B＝バイセクシュアル（性的指向が男性にも女性にもある人）、T＝トランスジェンダー（こころの性とからだの性が異なる人）を示しています。

また、すべての人の「こころの性」「からだの性」「性的指向」などが明確に「男性」か「女性」であるとも限りません。自分のこころの性は男性でも女性でもない、というアイデンティティをもったXジェンダーという人もいます。生物学的に男性か女性かを判別することが困難な性分化疾患（インターセックス）の人もいます。性的指向も異性愛でも同性愛（レズビアン／ゲイ）でも両性愛（バイセクシュアル）でもなく、無性愛（Aセクシュアル）や汎性愛（パンセクシュアル）といった人もいます。

つまり、「こころの性」も「からだの性」も「性的指向」も、「男性」「女性」に二分化されるものではなく、いわばグラデーションのようなものととらえることができます。グラデーションである性の要素が複雑にからみ合っているので、「多様」であって当然なのです。

しかし、私たちの社会は、「性別二元論」や「異性愛主義」といった考え方に支配されており、多様性を当然視することが困難な状況にあります。多様な性を取り扱った先駆的な性教育実践の中でも、「男性」「女性」の二つの性、そして異性を好きになることが自然であるかのように扱ったうえで、「マイノリティも尊重しよう」という論調が多くみられました。

包括的性教育（p137コラム参照）の考え方では、まず「人間は多様である」からスタートします。「マジョリティを前提としてマイノリティもいる」ではなく、「世の中にはいろんな人がいる」が出発点なのです。

「シスジェンダー」で「ヘテロセクシュアル」であることを当然とする社会の中では、それ以外の性をもつ人は、非常に大きな困難や葛藤とともに生きることを強いられます。ＬＧＢＴの人たちの自殺念慮率の高さは顕著です。加えて、発達上の困難を抱えている子どもたちのなかには、「こころの性」を明確に認識することも遅れる場合があります。「性的指向」を周囲の人たちに勝手に異性と決めつけられることで混乱し、より多くの、より深刻な困難を抱えることも少なくありません。人間の性は多様であり、人はその人自身の性を生きる権利があるということを確認し、保護者をはじめとするまわりの大人が、子どもたちの性を勝手に決めつけないということが大切なのではないでしょうか。

本の紹介

子どもと読む絵本

せっくすのえほん
水野都喜子 絵と文　山本直英 監修
子どもの未来社／2002年

あっ！　そうなんだ！　性と生
――幼児・小学生そしておとなへ
浅井春夫・安達倭雅子・北山ひと美・中野久恵・星野恵 編著
勝部真規子 絵
エイデル研究所／2014年

おっぱいのはなし
土屋麻由美 文　相野谷由起 絵
ポプラ社／2009年

おっぱいのひみつ
柳生弦一郎 作
福音館書店／1991年

おとうとのおっぱい
宮西達也 作・絵
教育画劇／2007年

おちんちんのえほん
山本直英 文　佐藤真紀子 絵
ポプラ社／2000年

からだっていいな
山本直英・片山健 作
童心社／1997年

思春期を迎える前に

先生、相談です。

先生、相談です。

思春期を迎える前に

小３　男子

未診断

特別支援学校に在籍

11 おちんちんの洗い方を教えたいのですが…

父親は帰りが遅くなることが多いため、母親とお風呂に入ることが多い男の子です。二次性徴前には、自分で自分のからだを洗えるようにしたいのですが、おちんちんの洗い方をどう教えればいいのかわかりません。父親に教えてほしいと頼んだのですが、あまり乗り気ではないようで……。

洗ってもらう気持ちよさは皮膚タッチの基礎

抵抗なく大人と一緒にお風呂に入れる今の時期に、からだの洗い方や、とりわけ性器の洗い方を教えておくことは大事なことです。

日本人はお風呂を楽しむ文化をもっています。気持ちよくお湯につかり、全身をくまなく洗ってもらうことは皮膚タッチの基礎でもあります。赤ちゃん時代の沐浴《もくよく》に始まり、さわってもらって気持ちいいという快い皮膚タッチの感覚を身につけていくのです。

自分でからだを洗えるようになる前に、洗ってもらう気持ちよさをたっぷり経験

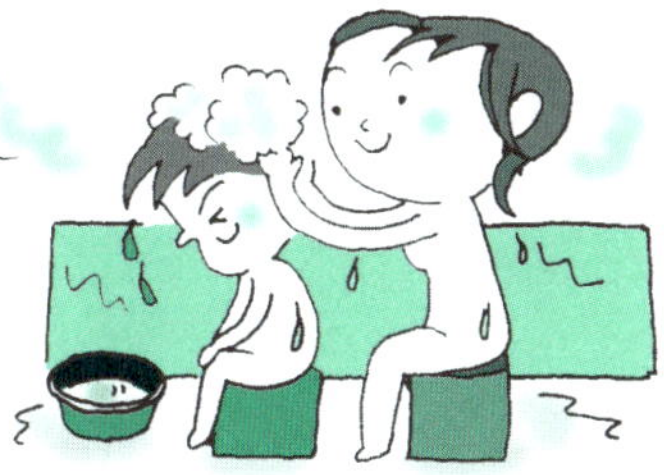

してほしいものです。おちんちんも丁寧に洗ってもらいます。こうした快い入浴の経験を通して、子どもはからだの大切さや、自分が大事にされているという感覚を蓄えていきます。

お風呂を楽しみながら、からだの大切さを伝える

お風呂では、からだを洗ってもらいながらからだの部位の名前を覚えたり、一緒に入る人の年齢や性別によるからだの違いなども自然に見て学んだりすることができます。おちんちんは大切なところ、自分だけが見たりさわったりしていいことなど、プライベートゾーンの話なども自然にできます。

低学年頃までの子どもは一緒に入る大人の性器やからだに興味津々で、さわったり、質問したりしてくるかもしれません。子どもにとってからだはいやらしいものではなく、「いいもの」なのですから、ごまかさずに答えましょう。

男の子の性器を知る

男の子の外性器にはペニス（おちんちん）と陰嚢《いんのう》があります。ペニスは尿道を海綿体というスポンジ状の組織がとりまいている管で、先端の部分を亀頭とよびます。亀頭は思春期前には多くは包皮に覆われていますが、思春期が近づくと徐々に現れてくるようになります（26参照）。亀頭のまわりのひだには尿のかすがたまりやす

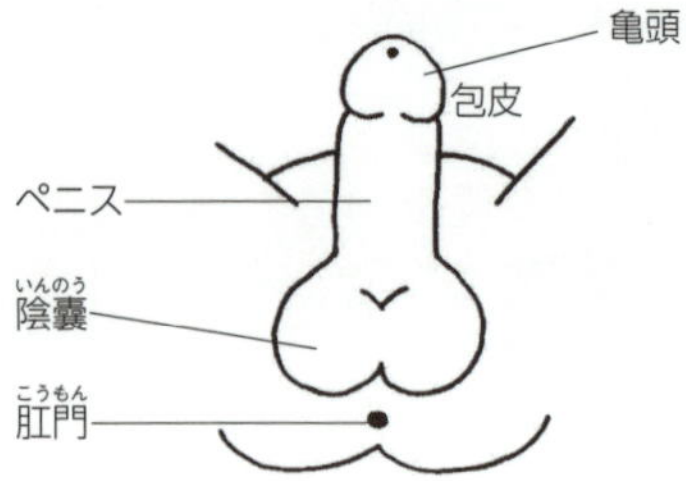

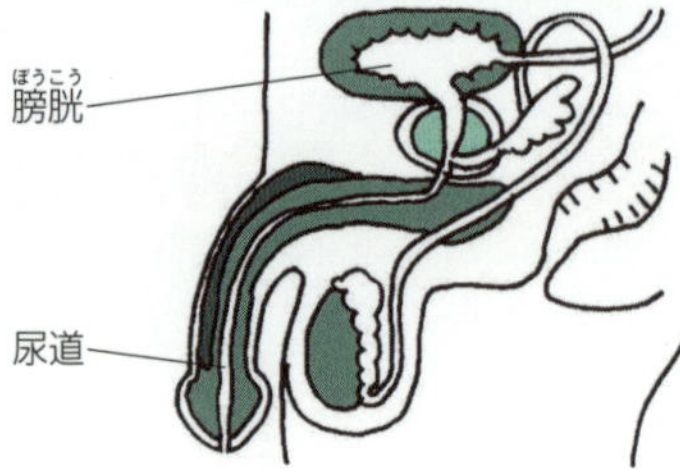

く、たまったかすを恥垢《ちこう》とよびます。恥垢は臭いのもとになったり、炎症を起こすもとになったりすることがあるので、恥垢をためないようにいつもきれいにする習慣をつけたいものです。

陰嚢は精巣を入れている袋です。表面には小じわがあり、汗腺が多く分布しています。汗をかくために湿疹などになりやすい部位です。

ペニス、陰嚢の洗い方

ペニスを洗うときは、包皮をむいて亀頭を出して、石けんを泡立てた手でしっかり洗うようにします。長い間、包皮がかぶさったまま洗わないでいると、亀頭が包皮にくっついてしまってむけなかったり、無理にむこうとすると痛かったりします。そういう場合は一度にむこうとしないで、お湯をかけながら毎日少しずつむくようにします。

亀頭は神経が集まっている敏感なところで、洗っている刺激でペニスが勃起することがあります。洗い終わってしばらくするともとに戻るので気にしなくても大丈夫です。むしろ、小さいときから適度の刺激を与えておくほうがいいのです。

陰嚢もペニス同様に、石けんを泡立てた手で洗うようにします。

注意したいのは、障害の特性で苦手な感覚がある場合です。たとえば、自閉症スペクトラムの子のなかには、シャワーが苦手だったり、蛇口から出る水で手を洗えないなどの問題を抱えていることがあります。無理強いするとお風呂そのものを避けるようになってしまいます。水流が痛いなど、皮膚の感覚の問題が考えられるときには、水道やシャワーを使わずに洗面器にくんだお湯やお湯に浸したタオルで洗うようにすればいいのです。洗い方を工夫するなどして、お風呂が嫌いにならないようにしたいものです。

誰が教えるか？

お母さんが一緒に入浴しているのであれば、はじめはお母さんが手伝って包皮をむいて亀頭を出してやり、「おちんちんは大切なところだから、自分できれいにしてね」と自分で洗わせるといいでしょう。もし、お父さんが休みの日などに一緒にお風呂に入る機会がもてれば、同性の先輩としてお手本を見せて教えることもできます。思春期に向けて父親とのかかわりを増やしていくいい機会にもなるでしょう。乗り気でない父親の参加を促すには、ＰＴＡなどで親父の会を開くなど、思春期に向かう息子たちに父親としてどうかかわればいいのか、率直に語り、学び会う機会をつくり、「父親の出番」を意識してもらうことも必要です。（任海園子）

先生、相談です。

思春期を迎える前に

小3 | 女子

未診断

特別支援学級に在籍

12 おちょんちょんの洗い方を教えたいのですが…

お風呂で自分のからだを洗えるように教え、まだ十分ではないのですが自分で洗うことができるようになりました。ところが、先日、おちょんちょんが赤くなって痛がることがありました。おちょんちょんの洗い方はどのように教えればいいでしょう。

徐々に、見えないからだの部位への意識を育てる

自分のからだを洗えるようになったとのことですが、大きな成長ですね。頭や背中などの見えない部分を洗えるようになるには、手のはたらきはもちろん、見えないからだの部位への意識が育っていなければなりません。こうした力を養いながら、一つひとつ励ましながら身につけてきたことが想像されます。

鏡で自分のおちょんちょんを確かめさせる

おちょんちょん（コラム参照）は、自分では見えません。おちょんちょんは見た

り、さわったりしてはいけないところというタブー視もあって、からだの意識から最も遠くに置かれてきた器官です。しかし、おちょんちょんの清潔を自分で保つことができるようになることは、自分のからだの主人公になる基本なのです。

おちょんちょんが赤く、痛くなったことがあるとのことですので、この機会に、本人がまだきちんと意識していない、おちょんちょんを鏡に映して見せましょう。見て、さわって確かめることは自分のからだを知る入り口です。性の絵本を手元に置いて見ると、鏡に映った自分のおちょんちょんを見て驚き、本の絵と同じである自分のからだを知って安心するでしょう。おちょんちょんはプライベートゾーンという特別に大切な場所ということも、併せて話しておきたいものです。

女の子の外性器を知る

女の子の外性器には大陰唇、小陰唇、クリトリス、尿道口、膣口《ちつこう》があります。大陰唇は盛り上がったひだで皮脂腺が発達しています。小陰唇は大陰唇の内側にある柔らかな二つのひだで、尿のかすがたまりやすい場所です。膣口は月経血の出口です。

思春期以後の女性の膣には多数の常在菌がいて膣を酸性に保ってくれます。酸性にして病原体の侵入を防ぎ、侵入しても増殖できないようにして、膣や子宮を守っているのです。月経がまだない女の子の膣は粘膜が未熟で常在菌もいないため、感

染しやすいのです。傷ついたり、炎症を起こすとヒリヒリした痛みや排尿痛があったりします。4日くらいようすをみてもよくならないときは受診しましょう。

膣口のすぐ後ろには肛門《こうもん》があります。

おちょんちょんは指で洗い、石けんの使いすぎに注意

おちょんちょんは汗や尿、おりもので湿りやすいところです。きちんと洗わないでいると、臭くなったり、かゆく（または痛く）なったりしますので、今のうちからきれいに洗えるように教えておきたいですね。

おちょんちょんの洗い方はタオルでひと拭きしておわりにしているという子が多く、小陰唇（柔らかいひだ）のまわりに尿のかすなどの汚れをためていることがよくあります。おちょんちょんは指で洗います。柔らかいひだの部分（小陰唇）を指で少し開くようにして、ひだの間のかすや汚れを指でなぞって取り除き、お湯をかけて洗い流します。石けんを使いすぎるのは、膣の自浄作用を低下させるのでよくありません。石けんを使わなくても、指を使って汚れを落とし、お湯で洗い流せば十分です。

入浴できないときでも、シャワーを浴びる、下湯を使うことなども教えておきましょう。洗い場ではお尻をべったり落として座るのでなく片膝を立てて座るようにさせると、感染予防になります。（任海園子）

コラム

「おちょんちょん」という言葉

「おちんちんがあるから男の子。おちんちんがないから女の子」という言い回しをしばしば耳にします。女の子には性器が存在しないかのような表現は適切とはいえません。

男の子の性器を表す幼児語「おちんちん」は一般的ですが、女の子の性器を表す幼児語はほとんど聞かれることがありません。「おちんちん」と対等な、女の子の性器を示す幼児語を普及させる必要があるのです。名前がなければ存在しないという認識になります。存在しないものを「大切にする」ことはできないからです。

性教育の歴史を築いてきた先輩の先生が「おちょんちょん」という言葉を提唱しました。「男の子にはおちんちんがあります。女の子にはおちょんちょんがあります」と説明してこそ対等です。幼児語を使うべき発達段階の子どもたちには、ぜひ、「おちょんちょん」という言葉を使って、女の子にも大切な性器が存在していることを確認してください。

先生、相談です。

思春期を迎える前に

小３ | 男子

未診断

特別支援学級に在籍

13 女性を見ると、おっぱいをさわって困ります

３年生になって女性の胸をさわるのがブームになっています。怒られそうな人にはしませんが、友達の優しいお母さんにはまっしぐらにとんで行って、うれしそうにさわります。今は小さいので笑ってすませてくれますが、大きくなってこれでは困ります……。

それは「問題行動」なのか？

障害があるなしにかかわらず、ある時期の子どもたちは「うんこ」「おしっこ」「おちんちん」「おっぱい」などの言葉を連呼して大人を困らせることがあります。子ども（だけとは限らない）の行動には必ず理由があります。たとえば、①人のからだの不思議に気づき、興味津々で「もっと知りたい！」という要求の表れ、②その言葉を言うと周囲が必ず反応してくれる、例外なく注目してくれる（うけるだけではなく叱られるという反応も含めて）、③精神的に何らかの弱さやつらさがあって代償行為としてこだわっている……などです。

そこを丁寧に探っていきたいものです。家庭だけでなく、学校や学童保育など、できるだけ複数の目で情報を交換しながら探っていくと、その子を多面的にみることができます。大勢で考えれば対応も一つではなく、さまざまなアイデアも出てきます。「問題行動」と決めつけて禁止するだけでは、かえってこだわりが強くなったり、違う形での「問題行動」が出てきたりします。怖い人にはやらないけれど、優しい人にはやるというのもよく聞くことです。

弟が生まれたコウちゃんのケース

以前相談を受けたコウちゃんのケースを紹介しましょう。

学校では「いけません」という指導だけでしたが、放課後デイの支援者が性教育の学習会に参加して「本当にこのままでいいのか」と考え、保護者と性教育の講師とともに学校に相談に行きました。

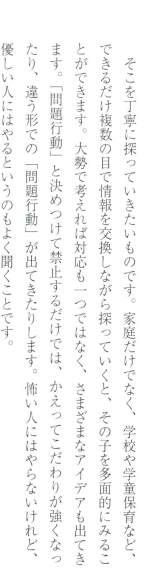

そこで情報交換をする中、それまで一人っ子だったコウちゃんに、前年弟が生まれていたことがわかりました。弟の誕生を喜び「お兄ちゃん」と言われるのもうれしいらしく、弟をかわいがりますが、やっぱり寂しいのかときどき赤ちゃん返りをする場面もあるそうです。そして授乳の場面をじーっと見ているというのです。その場にいる多くの人が「それだ！」と思いました。

コウちゃんは、お兄ちゃんになったプライドのある自分と、まだまだお母さんを

独占して甘えたい自分との間で揺れ動いていたのです。そして物理的にも精神的にも弟が独占している「おっぱい」に気持ちが向いていったのではないでしょうか。おっぱいは、なんとも不思議で、魅力的で、ねたましいものに見えたことでしょう。

「あなたは大事な子」を伝える

そこがわかると、何をしたらいいのかがみえてきます。まずは「おっぱい研究」がいいですね。『おっぱいのはなし』『おっぱいのひみつ』『おとうとのおっぱい』など絵本もたくさんあります（p50「本の紹介」参照）。お兄ちゃんになって揺れるのは自分だけじゃないと知って、ほっとすることでしょう。

そして、ぜひ、お子さんも生まれたときは周囲の祝福を受けて大事にされた赤ちゃんだったことがわかる話をしてみてください。たとえば、誕生時からの写真を一緒に眺めながら、折々を振り返る時間をもつのはどうでしょう。

一枚ずつ丁寧に見て、生まれてくれてどんなにうれしかったか、どんなにいとおしかったか、話してください。病気やけがのときどんなに心配だったかも。そして、「お世話されるだけだった赤ちゃんからこんなに大きくなったんだね」と、親御さんがお子さんの成長を喜んでいることを話してください。

スキンシップの欲求を満たす

お兄ちゃんになったけれどやっぱり甘えたい気持ちを満たすには、意識してスキンシップをとるようにしてみましょう。前述の、幼時からの写真を見て話すのは、お子さんを膝の上に抱いて話すようにするといいでしょう。

日常的にも、何かうれしいことがあったら、ハイタッチをするようにハグもしましょう。「やめてよ、きも～い」と言いながらも、まんざらでもない表情に出会うことでしょう。機会をとらえて、いっぱい触れ合ってください。

注意したいのは、触覚過敏がある場合です。「やけどしたときのような感覚」と表現した当事者もいます。どんなさわり方が心地いいのか、安心なのか、探りながら時間をかけて進めていきましょう。（永田三枝子）

先生、相談です。

思春期を迎える前に

小4 男子

自閉症スペクトラム

特別支援学級に在籍

14 男の子のおしっこの仕方は誰が教えればいいですか

おしっこが出切らず、本人は病気と思っているようすです。そろそろお尻を出さないでおしっこができるようにしていきたいところなのですが、父親はなかなか協力してくれないし、学校の先生は女性ばかりです。誰がどのように教えたらいいものでしょうか。

トイレの自立は自分への自信に

おむつの中にしていたおしっこを一定時間我慢していられるようになり、トイレでできるようになることは成長過程のなかでもとりわけ大きな出来事です。人とのかかわりの中で、自分のからだをコントロールする力が育ってきたあかしでもあり、子どもにとってもうれしく誇らしいことです。子育ての面からみても、トイレットトレーニングの成功は一山越えた感じで、ほっとして、気になる癖などがあっても「ま、いいか」と先送りしがちです。

しかし、もう一歩進めて、トイレの自立に向けて、プライベートゾーンを守って

排尿することや、トイレを汚さないためのやり方などを教えていきましょう。

自閉症スペクトラムの子は、一度身につけたやり方をほかのやり方に切り替えるのが苦手ですし、思春期になると、排泄《はいせつ》などのプライベートな行為への母親や他者の介入を受け入れにくくなります。排尿の途中でストップして全部出し切らないなど、これまでに身につけたやり方を修正したい課題にも、思春期を迎えるまでに余裕をもって取り組みたいものです。

病気がなさそうなら…

お子さんは「おしっこが出切らない」と感じているようですが、膀胱《ぼうこう》炎などの病気が隠れていないか、一度、病院で検査しておくと安心です。ここでは泌尿器の問題がないことを前提に対応策を考えてみます。

排尿のあと、「お尻をキュッとしめて、もう一回おしっこしてみようか」と話しかけ、おしっこを出し切る感覚を教えます。4、5年生の頃は思春期に向かい勃起することが多くなる時期です。勃起しているときはおしっこが出にくいものであることや、勃起するのは病気ではないことなども伝えると安心するでしょう。

男の子のおしっこの仕方

身につけさせたい男の子のおしっこの仕方は、箇条書きにすると以下のようにな

ります。
①便器の前に立つ
②ズボン、パンツの中からペニスを出す
③指でペニスの皮を付け根に向かって引いて亀頭部分を出す
④便器に向けておしっこを出す（おしっこを出し切る）
⑤ペニスを振っておしっこのしずくを切る
⑥ペニスの皮がめくれたままになっていたらもとに戻す
⑦パンツの中にペニスをしまう
⑧手を洗う

どこで誰が教えるのがいいか

手本を見せるうえでも、父親や身近な教師など、よく知っていて安心できる男性が教えるのが理想です。並んでおしっこをして、手本を見せるなども一つの方法です。しかし、いつもそう条件がそろうとはかぎりません。忙しくて子育てに参加する機会が少ない父親にとって、自慰やおしっこの仕方を教えることはハードルが高い場合もあるようです。

学童保育などはどうでしょうか。ある知的障害の中学校1年生の男の子は学童保育のサマーキャンプに参加した折に、指導員とボランティアの2人の男性に付き添って教えてもらったそうです。ペニスの皮をむいておしっこを出し切ることを覚えて帰ってきただけでなく、それまではいつもパンツが濡れていたのがうそのようになくなり、明るくなったそうです。

母親が教える場合は…

教えてくれる男性が見つからない場合には、母親が試みてもいいでしょう。「大きくなったね。そろそろズボンの穴からおちんちんを出しておしっこができるかな？　できたらかっこいいね。練習してみる？」などと話しかけてみます。弱い手の力でもペニスが出しやすいパンツやズボン（たとえば、ブリーフなら重ね合わせ部分の浅いものや柔らかい素材のズボンなど）を用意して練習を始めましょう。「パンツの中からおちんちん出せるかな？」「おちんちんの皮を引っ張って」などの言葉をかけます。手指のはたらきが弱くて難しそうな場合には「手伝ってい い？」と了解を得たうえで手を添えます。

自閉症スペクトラムのお子さんの場合、包皮をむいて排尿する感覚に慣れるのに少し時間がかかるかもしれません。余裕をもってはたらきかけつつ見守ってほしいものです。（任海園子）

先生、相談です。

思春期を迎える前に

小5 女子

自閉症スペクトラム

特別支援学校に在籍

15 初経が近いようなのですが、受け止められるか心配です

自閉症スペクトラムに重度の知的障害もあり、いつも一人遊びをしています。胸がふくらんできて、そろそろ月経が始まるのではと感じています。パニックになりやすい子なので、生理になったらイライラするのではないか、お風呂ではどう教えればいいか、ナプキンが使えるのだろうかなど、心配しています。

丁寧に繰り返し伝え、期待をもって迎える

胸がふくらんできているのですね。そろそろ初経を迎えるかもしれませんね。複雑な月経についての知識や手当ての方法を、知的障害の重い子にどう伝えたらいいでしょうか。①どこから月経血が出ているのか（女性性器）、②なぜ出るのか（二次性徴のあかし）、③出たときはどうしたらいいか（ナプキンでの手当て）、の三点を、順序立てて伝えていくと、わかりやすいでしょう。期待をもって迎えることも大切です。

月経がわかるには、五つのポイントになる言葉があります。これらの言葉を理解

してもらうための方法を紹介します。五感を使って感じ取っていけるよう、具体的に、丁寧に、繰り返し伝えましょう。

1「○○さんは女の子。おちょんちょん　あるよ」

お風呂で、おちょんちょんは洗えていますか（12参照）。からだを洗うとき、手足、おなかなどの部位の名前と同様に、おちょんちょんも名前と場所を確認します。「お母さんは女の子。おちょんちょんあるよ」と、洗うところを見せ、「○○さんも女の子。おちょんちょんあるよ。同じ」と女性には皆、おちょんちょんがあることを伝えると安心します。

毎日お風呂で洗うたびにこうして確認すると、「自分は女の子。おちょんちょんがある」ことや、「お母さんと同じ」ということがうれしくなってくるでしょう。

2「女の子。大きくなったら　お姉さんに　なるよ」

「大きくなる」という言葉がわかりにくいことがあります。「大きくなる」ということへの憧れを育てるには、生活場面の中で大きいものを見つけるたびに「大きいね！」と言葉を添えて共感し、大きいということを感覚的にとらえる機会を多くもちます。父親の大きな手足、服。大きいお菓子など……。

生活の中で「お姉さん」という言葉も意識して使っていきます。「ありがとう。

さすが、お姉さんだね」とか、お風呂でからだを洗うときに「胸が大きくふくらんできたね。お姉さんになったね。おめでとう」などです。

3「お姉さん。おちょんちょんから　赤いもの、出ることあるよ」

いよいよ月経について伝えます。人形やぬいぐるみを使って、ボードに赤い絵の具をたっぷりつけて見せ、実際にそれを手でさわって、色や感触を感じられるようにするとわかりやすいものです。「赤いものが出るのは、お姉さんになったからだよ。病気じゃないから大丈夫。おめでとう！」と、人形に拍手を送り、お姉さんになったことを祝福します。

「お母さんも、おちょんちょんから　赤いもの、出ることあるよ」と、1と同じようにお母さんも一緒だと伝えると安心します。お風呂でおちょんちょんを洗うたびに「赤いもの、あるかな?」と確認し、「ないねー、残念。赤いもの、出るの、楽しみに待っていようね」と伝えると、期待が高まります。

4「お姉さんになったら（赤いもの出たら）使ってね。どうぞ」

期待を高めるもう一つのアイテムとして、実際に初経を迎えるときに使うナプキンと、それを入れるポシェットなどの入れ物を用意し、プレゼントします。肌ざわりのいいネル生地の手作りナプキンを作ってプレゼントした母親もいます。

5「どうやって使うのかな？　練習してみよう」

実際にトイレで母親の月経やナプキンをつける場面に立ち会い、見られるようにします。そして、プレゼントされたナプキンをつける練習や、片づけの練習もしていきます。

一度ではなく、「お姉さんになったときに使えるように、練習する？」と繰り返し練習して慣れておくと、混乱なく上手に使えるようになるでしょう。

準備が困難を乗り越える原動力になる

ここまで準備をすれば、大きくなること、お姉さんになること、初経を迎えることへの期待は高まります。家族や担任の先生、友達にも「もうすぐお姉さん。（赤いものが出るのを）楽しみに待っているの」と伝えておき、初経を迎えたときは、家族、教師、友達みんなで「お姉さんになったね！　おめでとう！」と祝福しましょう。お姉さんへの憧れを育て、初経への期待を高め、準備しておくことで、スムーズに初経を迎えられます。それだけでなく、PMS（22参照）やナプキンへの違和感（23参照）などのマイナスの出来事が起きたとしても「お姉さんになったすてきなことだから！」と困難を乗り越えられる原動力になるでしょう。（半田優子）

先生、相談です。

思春期を迎える前に

小5 | 女子

知的障害

特別支援学校に在籍

16 異性の親とのお風呂、いくつまでOK?

父親の仕事が不安定なこともあり、母親が夜の仕事をして生計を立てています。その分、父親のほうが娘と多く接することになります。小5になる娘はまだ清潔への意識が弱くて、てんかんの発作の心配もあり、一人でお風呂に入れないので、やむを得ず父親と入浴しています……。

二次性徴を迎える娘さんをお父さんも意識して

いつまでも子どもだと思っていたお子さんですが、小学部の高学年にもなると、からだや気持ちに少しずつ変化が出てきます。これを「二次性徴」といいます。

お父さん自身も小学校の高学年から中学生になる頃、からだのいろいろなところに毛が生えてきて戸惑ったり、声変わり、夢精、精通とさまざまなからだの変化に悩んだり、友達のからだを見てそっと比べたりしたことはなかったですか。男性に変化があるように、娘さんにもきちんと女性としての成長がそろそろみえてくる頃です。からだだけでなく気持ちにもです。

今こそ、この時期にさしかかっている娘さんに、お父さんの言葉で伝えてみませんか。何も詳しく専門的なことを言うのではなく、誕生のときからの話をしながら、お父さんとお母さんのからだの違い、お父さんと娘さんのからだの違いにふれてみてはどうでしょうか。どんどん成長していく子どもと、いつまでも一緒にお風呂に入るということと、発作の心配とは別のものです。

二次性徴を迎える娘さんを一人の女性として見守っていくことは、男親にとっても大切なことです。可能なかぎり、一緒の入浴は避けてください。異性のからだや気持ちを理解し、女性としての彼女の成長をそっと見守るようにしてください。

娘さん自身の気持ちはどうなのかな

障害があるから恥ずかしさがわからないとか、性的な発達は遅いということはまったくありません。成長ホルモン系に病気がある子を除き、環境面（食事や睡眠・対人関係など）が整っていれば性的な成熟は誰にもやってきます。

小さい頃から自分の「性」を知ること、意識することは、とても大切なことです。いつまでも人まかせ、親まかせの「性」や自分であっては、ずっと受け身のままです。本人がせっかく思春期の時期にいるからこそ、自分自身の想いや考えをもって、伝えられるといちばんいいですね。いつも十分な愛情を注いでくれる親に対して、もしかしたら遠慮して言えないこともあるかもしれません。お父さんのほうか

ら、「○○もお姉さんになってきたからね」ということで、一人でも安全に入浴できる方法を早いうちから教えていきましょう。洗い方が不完全だったとしても、スタートしなくてはいつまでたってもうまくなりません。

同性による介助を考えていきたい

やむを得ない場合は、着衣（水着など）で入浴するのも一つの方法です。水着とは限らず、清潔なものならば各家庭にふさわしいアイデアでいいと思います。またたとえば、デイサービスなど支援業務の人と契約し、同性介助での入浴を考えます。その際には胸や性器のまわりといったデリケートな部位を丁寧にケアしてもらいながら、自分自身で、プライベートゾーンを扱える女性に育てていきたいですね。

母親との連携も考えたいものです。一家の生計を背負って大変だと思いますが、同じ女性の先輩として、娘さんにいろいろな話を、したり聞いたりしてほしいもの。限られたわずかな時間の中でも、娘さんとのコミュニケーションは、これから大きくなっていく自分のからだを丁寧に、また大切に扱える時間づくりだと考えてください。娘さんの気持ちに寄り添うこと、すべて父親まかせではなく、娘さんの気持ちの代弁も大切な母親の仕事です。

母親や姉・妹が息子や兄弟の入浴・トイレ介助をまかされた場合

相談とは逆のパターンです。たとえば、父親の仕事の都合やシングルという事情などで母親が一人で子育てをがんばっている場合、小さい頃からの流れで、入浴の世話などもそのまま担ってしまうことが多いようです。息子や兄弟が小さいときは平気だったことが、自分や相手のからだに毛が生えたり声変わりが始まったりすると、急に緊張し、どう対応していけばいいか悩むことになります。

ここで男の子との裸のつきあいが必要なのは男親なのです。お父さんの出番です。男性の先輩としてのからだを見せること、ペニスの洗い方、自慰のことなど教育の場であり、コミュニケーションの場でもあるお風呂に一緒に入るチャンスを、みすみす手放すのはもったいないことです。ただ、大きなからだになった息子と、ある日突然、男二人でお風呂に入るのは抵抗があるかもしれません。なるべく小さい頃から都合をつけて、同性で入浴する習慣にするといいですね。

異性の親との入浴は二次性徴の前まで

少なくとも二次性徴が始まる頃には、はっきりと異性と入浴することは避けましょう。できるかぎり同性介助を軸とし、できなければどんなサービスをどんなプランで受けることができるか、支援者に相談してみましょう。大人に向かって歩む当事者にとり、同性介助はあたりまえのことであり、性的自立へのカギの一つです。

それらを満たすことは、私たち大人にとって責務のはずです。（田中紀子）

先生、相談です。

思春期を迎える前に

小5　女子

自閉症スペクトラム

特別支援学級に在籍

17 やたらと体にさわってくるようになり、注意をしてもやめません

知的障害をともなう自閉症スペクトラムです。学校では、「5年生になったら人にはさわりません」と指導してくれていて、くすぐりっこも禁止なので、学校ではしないようですが、放課後デイや家では頻繁にさわってくるようになりました。注意すると、かえってむきになってさわってくるようです。

スキンシップは大事なコミュニケーション

生まれたばかりの赤ちゃんだけでなく、一生涯、人間にとってスキンシップは安心感とコミュニケーションの源です。

パニックを起こしている子どもを抱きしめると、からだが冷え切っていてガチガチに固くなっていることがあります。「大丈夫、大丈夫」と言いながら背中をさすると、すーっと力が抜けてからだを預け、大泣きをしたあと、うそのように落ち着いていきます。

また、くすぐりっこやつながり遊びなどでからだをぶつけ合って遊ぶことは、豊

かな関係性をつくっていくベースとなります。認知症のお年寄りにもスキンシップが重要なケアであることも実証ずみです。言葉よりも何倍も心が通う瞬間です。

諸外国では握手やハグなどスキンシップがあたりまえですが、日本はスキンシップに否定的な傾向がまだまだ色濃いようです。「スキンシップ文化」がもっと受け入れられれば「自分は大事にされている」感覚ももっと自然に伝わることでしょう。

人との関係性は経験でこそ学べる

問題になるのは、スキンシップを相手の気持ちにおかまいなくとるとき、相談にあるように「やたらと」さわってしまうときですね。自分のさわりたい欲求と、相手の不快とがぶつかる結果です。相手の不快さに気づけていません。

そこでつい、「さわりません」という指導になりがちですが、禁止するだけでは、かえってこだわりが強くなったり、違う形での「問題行動」が出てきたりします。禁止されている学校ではしないけれど、放課後デイや家では「頻繁にさわってくるように」なったというのはもっともなことなのです。

だいいち、「さわる・近づく」を禁止してばかりでは、人との関係性はいつまでたっても学べません。人と人との関係は個別性が強く、一律に教えられるものではありません。多くの場面を経験することによって、各人が学び取っていくべきものです。

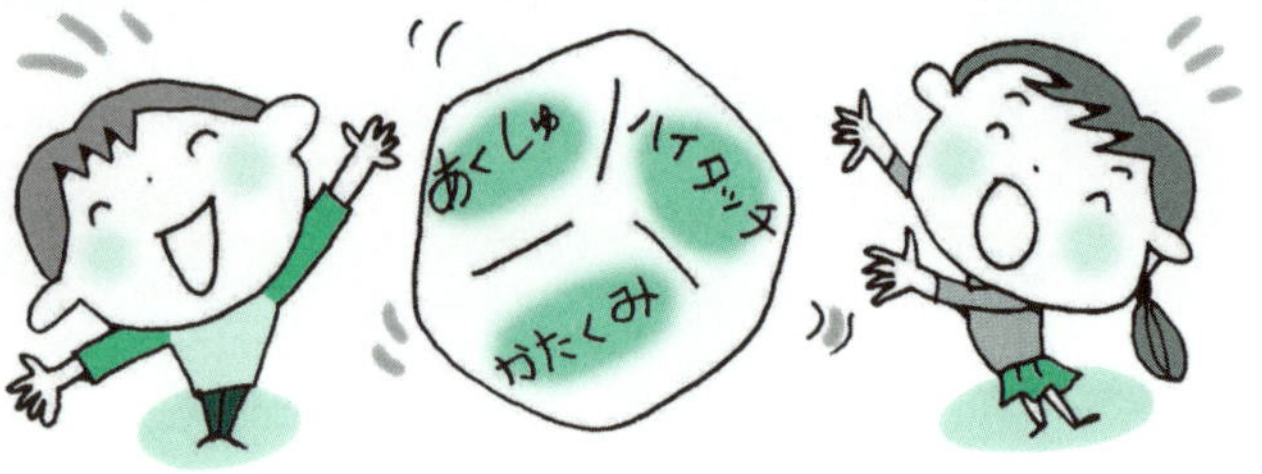

学ぶ機会の保障を

人と寄り添いたい、触れていたいという自然な気持ちを禁止されることは、自分を否定されることと同じです。生きる権利の侵害です。遠ざけるのではなく、必要なことを適切に学べるよう計らいましょう。基本となるのは、自身のからだを肯定的にとらえられるようになる、性の学習です。

自分のからだとこころがかけがえのないものだとわかると、他者も大事にすることができます。スキンシップも「心地いい触れ合い」と「不快な触れ合い」があることがわかると、不快なときは「やめてください」と言えるようになるし、相手からいやだと言われると自制できるようにもなっていきます。そのためにも「心地いい触れ合い」をいっぱい経験していることが前提として必要なのです。

触れ合いの練習をゲームで！

「触れ合いさいころ」というゲームをしてみましょう。

大きめのさいころを作り、各面に「あくしゅする」「ハイタッチする」「かたくみをする」「あたまをなでる」「うでをくむ」「せなかあわせをする」などと書いておきます。順番にさいころを転がして出た目に書いてあることをします。隣の人と、全員と、好きな人を指名してなど、ルールはアレンジできます。

心地いい触れ合いが目的ですので、どの行為をするにも、「握手しよう！」「いいよ」と、自分の気持ちを伝え、相手の気持ちを確かめる手順を入れるようにします。家族みんなで、わいわい楽しくやってみましょう。（永田三枝子）

コラム

気持ちいい体験が「快」「不快」の理解につながる

子どもは、気持ちいいという「快」の体験をたくさん経験することで、「快」でない「不快」がわかるようになります。たとえば、お風呂からあがったときの気持ちよさを、「気持ちよかったね」と言葉を添えることで、言われた子は「これが気持ちいいことなんだ」と理解していきます。またたとえば、温かいタオルや冷たいタオルで顔などをふいたり、からだをさすってもらったり、ハンドマッサージをしてもらったりすると気持ちがいいものです。気持ちいい体験をいっぱい積んでいくと「快」がわかるようになり、「不快」に対して「いや」と言えるようになります。

「快」「不快」の感覚が、自分と他者の関係をより快適なものにしていく際の基盤になります。

本の紹介

イラスト版
発達に遅れのある子どもと学ぶ性のはなし
――子どもとマスターする性のしくみ・いのちの大切さ

伊藤修毅 編著

合同出版／2013年

発達には共通の道筋があります。人格に不可欠な要素である「セクシュアリティ」も発達するものですが、必ずしもその「共通の道筋」は明確になっているわけではありません。

この本は、セクシュアリティの発達の共通の道筋をふまえながら、子どもと一緒に、支援する大人たちが性の学び直しをするのに役立つ一冊です。子どもたちに伝える性の学びの内容、伝えるときに意識しなくてはならない事項などが、豊富なイラストとともに説明されています。

先生、相談です。

思春期まっただなか

先生、相談です。

思春期まっただなか

中1 男子

自閉症スペクトラム

特別支援学級に在籍

18 女の子のスカートの中に手を入れたところを、教師に見つかりました

教室で突然、隣の女の子のスカートの中に手を入れたと、担任の先生から連絡が来ました。これまでは、そんなことをするとは考えられない素直ないい子だったので驚いています。学校からは1週間の登校禁止と申し渡され、反省させるように言われました。どう反省させれば直るのでしょうか。

「反省」は本当に有効？

反省といえば、一般的に「もう二度としません」と被害者に謝罪すること、反省文を書くことなどが思い浮かびます。しかし、障害のある子どもに対して、一般的な反省でいいのか悩ましいところですね。一般的な反省も、本当に有効なのか疑わしい気もします。そこで、これから、何をどのようにしていけばいいのかを、教育的な視点で考えていきましょう。

成長の過程と認める

あんなに素直でいい子だったのに、こんなことをするなんて考えられない……というショッキングな気持ちになってしまうのは、小さい頃から育ててきた親御さんとして無理もないことです。

しかし、興味関心の幅が広がってきているという点で、子どもさんの成長の過程であることは間違いありません。大切なのは、この性の課題にどう向き合っていくのかを考えていくことです。

性教育のチャンスととらえる

「スカートの中に手を入れた」という事実と本人の状態から、まず、その事実の背景を探ることが必要です。おそらく、本人は、スカートの中がどうなっているのかを知りたかったのでしょう。また、どんなパンツを履いているのかを確かめたかったのかもしれませんし、そういう場面を映像や漫画などで見て覚え、実行してみたかったのかもしれません。

もちろん、断りなく手を伸ばして触れることはよくありません。それが理解できずに、スカートの中に手を入れてしまったのかもしれません。要求を言葉で告げたり、相手の了承を得る手順がわからないのかもしれません。受け答えができるようなら、本人の気持ちを丁寧に聴いてください。

隠された部分は未知の世界です。知りたいという欲求が強くあるようなら、その

欲求に応えてやること、つまり性教育を行うチャンスであると考えましょう。

正しく科学的に、繰り返し学べるように

では、どんな性教育が有効でしょうか。からだについて、正しく、科学的な知識を学べるように支援するのがいいでしょう。イラストや絵本、人形など具体的なものを使っての学習をお勧めします。からだのしくみはどうなっているか、そのはたらきはどうなのか、もちろん、外性器も含めて学習します。そして、からだはどのように成長して、大人のからだになっていくのか、月経と射精のしくみなど、本人が理解できそうな学習内容や教材を準備してください。

教材、そして学習の方法は、具体的に目に見えるもの、実際に操作できるものがいいでしょう。たとえばからだの成長では、大きな紙（できれば等身大）に描かれたからだの図に、成長にともなう変化として性毛やひげを貼り付けていくなどです。

一度学習したから終わりではなく、何度か繰り返し行うことも大切です。同じ内容でもかまいません。

人権の視点もしっかり入れる

イラストや人形などを使うときに大切にしてほしいのは、人権の視点をしっかり入れるということです。イラストや人形の着ている服や下着を無造作に脱がせるの

ではなく、「今日は、学習のために、恥ずかしいかもしれないけど、脱がせてください」などと事前の言葉がけを、必ず、丁寧に行います。また、学習の終わりには、下着や服を着けて、「今日は、恥ずかしかったかもしれないけど、見せてくれてありがとう」の言葉がけも忘れずに行ってください。演技として、ちょっと大げさに行うことも大切です。

以上のように、「人の服や下着などを無理やり、または勝手に脱がせない、勝手にさわらない」など、「事前に聞いて、ワンポイント置く」ということも、学習すべき事柄の一つになります。

本当は、学校が中心となって性の課題に向き合ってほしい

「問題を起こしたら登校禁止」というマニュアルに沿っただけの指導は、本当に教育的といえるのでしょうか。何のための登校禁止なのかを考えていく必要があります。また、登校禁止にして、指導や責任を家庭だけに押しつけることは大きな問題です。学校が公的な教育機関として、責任を放棄しているとしか思えません。

家庭だけでは、子どもも保護者も行き詰まってしまうことが多いのです。むしろ、学校が中心となって、子どもの性の課題に向き合っていくのが本筋なのです。もし、学校だけで解決できない課題なら、公的なネットワークを生かすという視点も大切です。（船越裕輝）

先生、相談です。

思春期まっただなか

中1　男子

自閉症スペクトラム

特別支援学級に在籍

19 姉の下着を盗んで隠していました。息子がだんだん変になっていくようで…

あるとき姉のパンツがないという話になり、息子が、干してあった洗濯物をとっていたことがわかりました。何回か言い聞かせましたが止まりません。この頃は私たちの目を盗んで、洗っている洗濯機の中から取り出したりします。息子がだんだん変になっていくようで気がかりです。

言い聞かせたのに…

下着を盗んで隠したり、親の目を盗んだりと、自分がやってしまったことへの罪悪感が本人にはあるようです。なのに、何回か言い聞かせているにもかかわらず、また、人の目を盗んで繰り返してしまっています。言い聞かせたことで、一時はやめてくれたかのように思われますが、それだけでは、根本的な解決にはなっていないということなのでしょう。これまでとは違う言葉がけやかかわり方が必要だということなのかもしれません。どのような言葉がけやかかわり方があるかを考えていきましょう。

その前に、まず、本人の気持ちに寄り添い、行為の意味を考えてみましょう。

なぜ姉の下着なのか、行為の意味を探る

なぜ、姉の下着だったのでしょうか。ただ単に、自分のものとは違っていたからなのでしょうか。それとも、かわいい感じのものだったからでしょうか。または、性的な興味があるからなのでしょうか。また、下着を盗んだあと、何をしたかったのでしょうか。ただ集めたいだけだったのでしょうか。手に取って感触を味わったり、眺めたりしたかったのでしょうか。それとも、身に着けてみたかったのでしょうか。以上のように、いろいろと本人が考えそうなことを、挙げていってください。

そして、本人との受け答えができるのであれば、直接聴いてみてください。

ただ、その際に注意してほしいのは、決して問い詰めるように、まるで犯人捜しをするようにではなく、「あなたのことを理解したい」というスタンスで聴くということです。そのやりとりの中で行為の意味がわかれば、それはきっと、次の対応の糸口になっていきます。

聴き取り方のポイントとして、「はい」か「いいえ」で答えられるような質問を準備することも大切です。そうすれば、「うなずく」か「首を横に振る」でも答えられるので、答えやすくなるでしょう。本人には罪悪感があるようなので、それに答えるだけで精一杯かもしれません。

一緒に下着を学問してみる

下着に興味があるようなら、下着について、一緒に学習してみてはどうでしょうか。デザインや色、値段などを調べたり、本人の下着と比べてみたり、下着を学問するように、学びに展開できるとおもしろいかもしれません。また、下着は何のために着けるのかも、一緒に考えてみてください。

下着の意味が理解できれば、次のステップとして、「人が大切にしている下着を取ってしまうのはどうだろう」という話につながるのではないでしょうか。

何でも相談できるキーパーソンが必要

本人は、下着を盗んでしまったことに対して、どう思っているのでしょうか。そしてこれからどうしたいと思っているのかを、「下着の学問」を進めながら、丁寧に聴き取り、一緒になって考えていく姿勢が大切です。

もし今後、同じように下着を盗みたいという気持ちになったときなど、何でも相談できる人、話を無条件に聞いてくれる人、いわばキーパーソンといえる人の存在がとても大切になります。そういう人がいれば、不適切な行動を未然に防ぐ、歯止め役を担えることもあります。もっと大きな問題が、人の目の届かないところで起きてしてしまうのを防げるかもしれません。

その役割は、一般的に同性の人のほうがいいといわれていますが、話をしっかり聴いてくれる人、本人が心を許す人であれば、異性でもかまいません。そういう存在こそが大切なのです。

いつでも「一緒に考える」というスタンスで

性の課題に限った話ではありませんが、罪悪感をもっている子に対して、これから、どうしたらいいのかを「一緒に考える」というスタンスでかかわっていくことが大変重要です。「だんだん変になっていく」という予感を抱かれているようですが、本人の気持ちに寄り添った対応を心がけることが大切です。

思春期を迎える頃やそのあとに、大人に言われることがいやになる時期もあるようですが、「一緒に考える」用意は、いつでもできているということを伝え続けてください。（船越裕輝）

先生、相談です。

思春期まっただなか

小6　女子

未診断

通常学級に在籍

20 トイレから、「血が出た」と叫んで職員室に駆け込んできました

6年生の女子児童が、初経があったようで、トイレから「血が出た」と大声で叫びながら、パンツも下ろしたまま、ガニマタで職員室に駆け込んできました。職員室は大騒ぎになってしまいました。この児童は、発達障害の疑いがあり、日頃、いくらかの配慮が必要です。

なんとかわいそうな初経の迎え方!

今どき、障害児には月経が来ないと思っている人はいないと思いますが、かつては障害者は性と無縁な者と思われていた時代もありました。障害のある子どもも当然、二次性徴のからだの変化があり、精通、初経があります。

当然やってくるからだの変化について、日本ではどうしてきちんと教えないのでしょうか。性とは基本的人権の一つで人格の中心にあるものなので、手厚い指導が必要です。性教育がないということは、人権侵害であり、発達阻害をもたらすことになります。このお子さんは通常学級に在籍のようですので、障害があるために性

教育がされていないのではなく、通常学級の子どもたち全員が性教育を受けていないということになります。

女の子の初経も男の子の精通も、前もって教えられていなければ、どんなに恐ろしいものに感じるでしょうか。お子さんのようにトイレで経血を見れば、大変な病気か、知らないうちに血が出るような大けがをしてしまったと思うでしょう。あまりの驚きでパンツを上げることもできずにガニマタで助けを呼ぶことになってしまったのです。絵に描いたようにわかりやすい姿です。

大人は謙虚に学ぶべき

職員室の先生たちは、あまりのことに驚きあわてて保健室で対応をしてくれたことと思われますが、このことで性教育をしてこなかった自分たちの過ちに気づいた先生がいたのでしょうか。この事件の反省から、その後、性教育をすることになったでしょうか。お子さんがこういう姿で教師に訴えたことは、「性教育をしてください‼」という切実な願いです。お子さんに障害があるからこんな大げさなことになったのではなく、障害のあるらしい子が、子どもたち全員を代表して学校に警告を発しているのです。この子のこうした行動から大人は謙虚に学ぶべきです。

男の子の精通も、教えられないで迎えると、お漏らしをしてしまったとしか考えられず、自己否定感で打ちのめされます。あわてて自分の下着を隠したりして、誰

にも相談できずに、苦しみ続けるのです（24参照）。

子どもに突きつけられて始まる性教育

ある小学校では、初経を迎えた子が驚きのあまり、「血が出たー、血が出たー」と何日も泣き続けるので、その子の恐怖を取り除くために性教育にとりかかることになりました。ある中学校では、二次性徴や精通を迎え自慰もしている子が、自慰の快感に罪悪感をもち、自分がますます汚れた人間になると考え、暴力や性非行に走ったため、性教育に取り組むようになりました。

いずれも、やむなく始めた性教育でしたが、小学生の女の子は月経が子どもの島から大人の島にかかる橋であることを理解して、大人になることを誇りに思えるようになりました。中学生の男の子は、自分のペニスから出る白いものは精子といって、それはなんといのちのもとであることを学び、ぴたりと非行がなくなりました。男の性もいのちを生み出すことを初めて知ったのです。

子どもが示すさまざまな「問題行動」は、性教育を求める「発達要求」と考えましょう。発達障害のお子さんの行動はまさに発達要求なのです。そして、このような悲惨な初経の迎え方のないように、大人になることに希望をもてるように、適切で十分な性教育を実践してください。

性教育で、誰もが尊重されるいじめのない学校に

こんなことは口に出して言ってはいけない、そんなところはさわってはいけないなどの、性についてのタブーや暗黙の了解は、発達障害の子には理解しがたいことです。また、気になったことをすぐ口に出すことでいじめに遭ったりすることもあります。ひどいときはトイレでパンツを下ろされるなどの集団的性的いじめを受けることもあります。何よりも性をおおらかに受け止め、障害のある子の行動もおおらかに受け止められる寛容さが、教育現場に必要です。

それには、性教育がベースになくてはなりません。性教育は、個別に指導されることではありません。また、男女に分かれて秘密のように教えられることでもありません。そもそも性そのものが多様ですので、人類共通・普遍の学習なのです。

人間のからだのしくみや人間のからだの成長・発達は早い遅いはあっても、みんな同じく訪れること。昆虫が卵、幼虫、さなぎ、成虫と変態をするように、人間にも大切な節目があって大人になっていくこと。思春期は大人に変わる節目にあたるので体調を崩したり、こころも不安定になるし、親に暴言を吐いたりもすること。そして、それは誰でも通ってきた道で、教師も保護者も同じだったということ。こういったメッセージを大人が語ると、子どもたちに勇気を与えることでしょう。人間としての共通の成長をみんな一緒に科学的に学ぶことで、安心と信頼感、そして子ども同士お互いを尊重する気持ちが育ちます。（永野佑子）

先生、相談です。

思春期まっただなか

中1 男子

ADHD+LD

通常学級に在籍

21 性毛をかみそりでそっているようです

学校では比較的落ち着いて生活をしていますが、先日、母親のかみそりに性毛らしい毛がついていたので本人に尋ねてみたら、性毛をそっているというのです。また、すね毛やわき毛もそっているようなのですが、どのように話をすればいいでしょうか。

誰にでも訪れる二次性徴

成長ホルモン系に病気がある場合を除いて、男の子の二次性徴は、からだが成長してきて、大脳の下側にある下垂体が精巣から男性ホルモンを分泌するよう命令することで始まります。この男性ホルモンによって、性器が成長し、性毛が生え、精通が起こり、声変わり、ひげが濃くなるなどのからだの変化が現れ、次にこころの変化も現れます。個人差はありますが、早い子で4年生ぐらいから現れ始めます。

からだの変化は急激ですが、精神的にはゆっくりと変化していきます。そのため身体的変化と精神的成長のずれが生じ、戸惑い、不安定になります。これらのここ

ろの内側から揺らすような混乱とともに、障害があるがゆえの独自の混乱を受け止めながら支援していくことが求められます。

思春期を乗り越えるためには、人間のいのちの根幹である「性」を科学的に学ぶことが欠かせません。正しい知識を得ることで安心し、大人になることに期待をもてるようになるでしょう。また、からだが変化していくことを知り、自分の成長を実感できることが自己肯定感を高めるうえでも大切なものとなっていきます。

大人になることに期待をもてるように

保護者が、からだが変化することを望まず、いつまでも子どものままでいてほしい（性と関係ない世界で生きてほしい）と思うと、子どもは敏感に感じ取り、大人になるからだの変化を拒否するようになります。しかし、誰にでも必ず来るのが二次性徴です。期待感をもって迎えられるように、4年生ぐらいまでには教えましょう。子どものからだの変化を「かっこいい、お兄さんになったね」と一緒に喜んでください。

また、父親が一緒に入浴をしながら、大人のからだを意識的に伝えることが大切です。障害のある子どもは一緒にお風呂に入っていても、「お父さんと一緒のからだになってきたね」という言葉がなければ、からだの変化を意識しません。性毛に加えわき毛、胸毛、すね毛が生え、ひげが濃くなり、おちんちん（ペニス）やきん

たま（精巣）が大きくなるなど、具体的に話してください。さらに、父親自身が思春期の頃に感じたこと、体験したことを話すのもいいでしょう。子どもは大人をずっと大人だと思っているので、子どもの頃の話をするとびっくりしますが、安心もします。その安心感から、変化していく自分のからだを実感し肯定していきます。

父親がいない場合は、身近な信頼できる同性の大人にお願いしましょう。

受け入れがたい発毛、みんなで学べば受け入れられることも

からだの変化の受け止めに時間がかかる子どももいます。特に「発毛」に関しては難しいようです。今まで生えていなかったところに「毛」が生えて、「すべすべではなくなってしまった！」という変化がなかなか受け入れられないようです。

中2の男の子が性毛を抜いていました。家庭で絵本を使って、からだの変化を父親と一緒に学びました。でも彼は「痛いけど我慢して抜く。毛はいやや！」と言って抜いています。このことを保護者が、彼が利用している寄宿舎の指導員に相談しました。寄宿舎で彼を含めた同年代の男女6人の集団で二次性徴の学習をしました。彼は「毛はいややけど、みんなと一緒、抜くの我慢する」と言い、それからは抜かなくなりました。彼が安心したのは「みんなと一緒」だから。大人へのからだの変化を受け入れられたのです。集団学習の効用はこういうところにもあります。

（東みすゑ）

コラム

「障害者の権利に関する条約」第23条

2006年に国連で採択された「障害者の権利に関する条約」が、2014年から日本でも発効しました。

第23条「家庭及び家族の尊重」では、恋愛や結婚、家族を築くことなどについても障害者を差別してはいけないということが書かれています。具体的には、「婚姻をし、かつ、家族を形成する権利」「子の数及び出産の間隔を決定する権利」「生殖及び家族計画について情報及び教育を享受する権利」などが明記されています。逆にいえば、こういった権利を保障する義務があるということです。性教育を受ける権利が明記されているわけなので、障害のある人たちに教育をする立場の人は性教育も提供する義務があるということになります。

さらに、「生殖能力を保持する」権利も確認されました。優性思想に基づいて、障害者の断種が黙認されていた歴史もありますが、それが人権侵害であることが明確に確認されました。次ページの事例は、この点をふまえて読んでください。

先生、相談です。

思春期まっただなか

中1 女子

自閉症スペクトラム

特別支援学級に在籍

22 月経前が不安定で暴れるので、子宮を取ってしまおうと思います

もともと感覚過敏もひどく、感情の起伏の激しい子でした。初経が来てからは、それがさらにひどく、月経前は大暴れをしてしまいます。将来、子どもを産んで育てることはありそうもなく、いっそ子宮を取ってしまったほうが楽なのではないかと思うのですが……。

自閉症スペクトラムと月経に関する困りごと

自閉症スペクトラムの子どもの多くは、月経に関する困りごとをもっています。相談のように不安定になる以外にも、ナプキンや下着をはずしてしまう、てんかん合併の場合は発作が増強するなど、月経は多くの症状を増強させやすいといわれています。ここでは、月経のしくみと生じやすい症状、そして一般的な治療や対症療法をお伝えします。

月経のサイクルとPMSについて

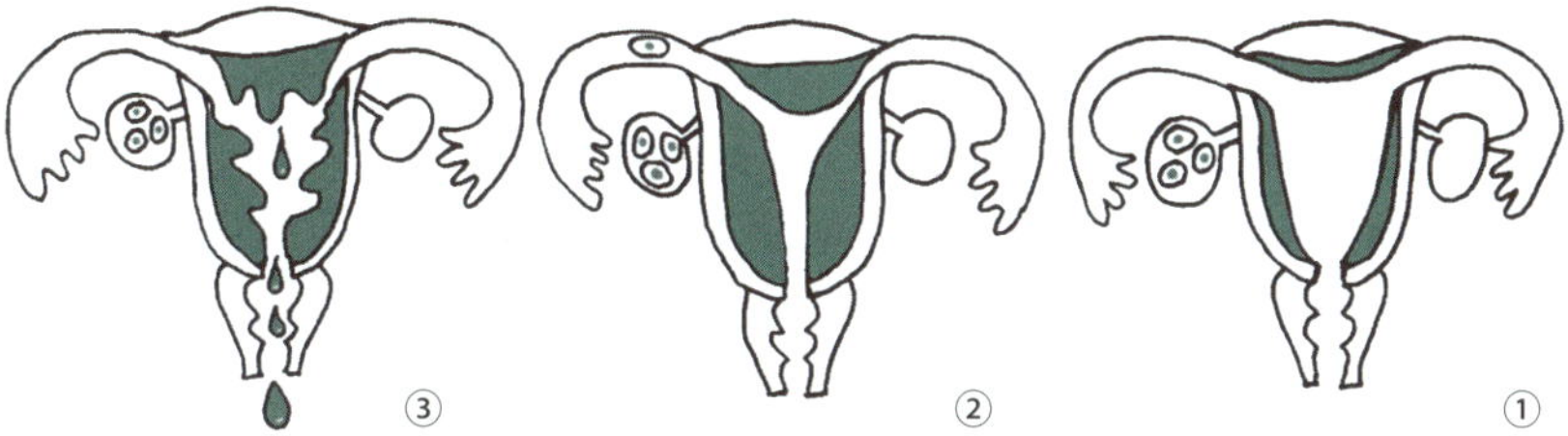

月経にはサイクルがあり、子宮内膜を次の三段階で変化させています。①増殖期（卵胞期）は、卵巣にある卵胞からエストロゲンという性ホルモンを分泌し、子宮内膜を増殖させ、受精卵を着床させる「布団」を作ります。②分泌期（黄体期）は、加えてプロゲステロンという性ホルモンも分泌され、子宮内膜をもっと厚く（「布団」をふかふかに）します。受精が成立した場合、受精卵はこの子宮内膜に着床しますが、成立しない場合は、③月経期となり、子宮内膜ははがれ、排出されます。

これだけダイナミックな「月経」を引き起こす性ホルモンは、こころとからだにも大きな影響を及ぼします。なかでも、月経前３～10日間に続く精神的・身体的な症状をＰＭＳ（月経前症候群）といい、イライラ、怒りっぽい、抑鬱《よくうつ》、興奮しやすいといった精神状態とともに、乳房痛や頭痛、むくみといった身体症状も生じさせます。30～40％の女性には何らかの不快感がともなうといわれ、うち１～10％の女性は学業や仕事に影響が生じているのが現状です。ＰＭＳの原因は、はっきりと究明されていませんが、分泌期に生じるエストロゲンとプロゲステロンのバランスなどが関係している可能性があります。

ＰＭＳの治療・対症療法には…

【卵巣・子宮状態の把握】ＰＭＳを引き起こす要因に、まだ月経周期が安定せず、排卵が起きていないことが挙げられます。基礎体温をつけること、月経周期や月経

持続日数、出血量を把握することをお勧めします。また、卵巣嚢腫《のうしゅ》や子宮内膜症、子宮筋腫など、卵巣や子宮に別の問題が生じている場合もＰＭＳと同様の症状が出る可能性があります。婦人科で卵巣や子宮のチェックを受けることが大切です。

【からだとこころを整える】症状を少しでも和らげるため、適度な運動、水分・塩分の摂取制限を行うことがあります。また精神状態に応じて、興奮やイライラを抑える薬、脅迫的な要素や不安を抑える薬などを併用することもあります。

【低用量ピルを内服する】低用量ピルは、低用量のエストロゲンとプロゲステロンを体内に一定して存在させることにより、ホルモンバランスが一定になるといわれ、ＰＭＳ治療でよく使われる薬物です。

子宮摘出で改善はしない

月経は、喜ばしい成長のあかしですが、お子さんのように自身のからだの変化に適応が難しい子どもにとって、多くの困難が生じることも現実です。「子宮を取ってしまったほうが楽なのでは……」、月経周期がもたらすお子さんの激しい感情変化を常に支えている親御さんの苦悩が、強く伝わってきました。しかし、子宮を摘出しても月経前の状態が改善するわけではありません。前述したように、感情の変化を引き起こしているのは、卵巣から出ているホルモンの影響なのです。では、卵巣摘出と考えそうですが、卵巣機能が衰えると更年期症状が出てくるように、卵巣から出るホルモンは女性の健康を支えるうえでなくてはならない存在です。

お子さんの場合は、ＰＭＳである可能性が高いため、まずは婦人科や発達障害児専門外来の受診をお勧めします。

障害とともに、月経と上手につきあっていけるよう

感情の起伏が激しく、大暴れをしてしまう背景には、体内変化への過敏反応だけでなく、二次性徴をうまくとらえられずパニックを起こしている可能性もあります。月経は大人の女性への大切な成長であり、性を生きる権利でもあります。比較的症状が落ち着いているときに、お子さんの理解レベルに応じた月経の話をしてみてください。そして「よく、ここまで成長したね」と暖かく包み込み、今、からだに起きている変化を肯定的にとらえられるようかかわってみてください。

障害程度が重く、言葉でのコミュニケーションが難しいお子さんにおいても、心地いい体験をたくさんして、リラックスする方法が身につくよう配慮しましょう。大好きな人との触れ合い、心地いいマッサージ、落ち着く感触や音・環境など、「心地いいな」と感じる経験を増やしていくことで、月経周期の影響で生じた精神的変化時に、それらを応用し、リラクゼーションを促すことができるかもしれません。家族だけで悩まず、近くの医療機関や学校、地域の保健センターなどに相談してください。　（伊藤正恵）

先生、相談です。

思春期まっただなか

中2　女子

自閉症スペクトラム

特別支援学校に在籍

23 ナプキンをいやがり、いくら教えても下着を汚してしまいます

月経自体が受け入れられないようすですが、さらにナプキンはごわごわするのかもっといやなようで、いくら教えてもはずしてそこらへんに投げ捨て、下着を汚してしまいます。どうしたらいいでしょうか。

月経を受け入れられない理由は何?

自閉症スペクトラムの子どもにとって、こころの準備がないままに突然始まる月経は不安で動揺するものです。22では医学的な面を中心に述べましたので、ここでは月経を受け止めがたくしている要因について心理面を中心に探ってみましょう。

経血がけがや病気のイメージと重なり悪いもの・怖いものと感じている、周囲の人の「困ったな」という月経に対するマイナスの雰囲気を感じ取っている、月経期間中は大好きなプールに入れないなどの生活上の制約が不満で受け入れがたい、月経痛やナプキンを当てた不快感などの身体的な問題……。こうした要因が重なって

いることが考えられます。なかには性同一性障害（ＦｔＭ）のために、自分は男と思っていたのに月経があることへの拒否感が強いということもあります（9参照）。

思いあたる原因があればそれに応じた手だてがとれますが、原因がわからないこともあります。本人の気持ちを推し量りつつ、「生理になったね。元気な証拠だね」「パンツが汚れると気持ちが悪いからナプキンつけようね」など、ポジティブな言葉がけをして手当てに付き添いながら、本人が月経に慣れることや、からだとこころの成長を待つ構えも必要です。

からだを学ぶ機会に

月経をからだの健康な生理現象として受け止めるためには学びが必要です。本人が理解し、納得できるように教えていきましょう。月経は悪いものではなく喜ばしいものであることを絵本などを見ながら伝えてください。絵本を見るのが難しい場合は人形やぬいぐるみなどを使って「お姉さんになって生理になりました。よかったね。ナプキンをつけますよ」と、ごっこ遊びの要領で教えるのも一つの方法です。「お母さんは生理になったのでナプキンをつけます」と母親の手当てを見せたり、「〇〇先生も生理になります。ナプキンつけますよ」など、身近な先生や友達に月経があり、つけることなどを繰り返し話してください（15参照）。

月経カレンダーをつけると、自分のからだを意識し、次の月経を予測してナプキ

ンを準備することや、月経周期にともなう気分や体調の変化を知るのにも役立ちます。日記に始まりと終わりの日を記録する、「今日は生理だね。カレンダーに○をつけますよ」と月経期間中、毎日○印をつけていくなど、お子さんに合わせて取り組むといいでしょう。

さまざまな生理用品がある

下着は締め付け感や感触など、不快な刺激がなく皮膚に心地よく感じられる素材が理想です。どういう素材が心地いいかは人によって異なります。生理用ナプキンの好みも人それぞれです。筆者は特別支援学校の保健室で何種類かのナプキンを常備しておいて子どもたちに自分で選ばせるようにしていました。量が少ない日には薄いナプキンを好む大人の常識と違って、初経を迎えて間もない子どもたちはいつでも大きくて厚いナプキンを選ぶことが多かったものです。厚いほうがつけているという安心感があるからなのかもしれません。

お子さんは紙のナプキンが苦手とのことですが、皮膚が過敏でごわごわした感覚を強く感じるのかもしれませんね。お子さんの皮膚感覚に不快を感じさせない素材のナプキンを一緒に探してみてはどうでしょうか。今はさまざまな素材のナプキンが市販されています。サンプルをもらうなどして、刺激がなく、つけ心地のいいナプキンが見つかるといいですね。もし、気に入ったものが見つからなくても、母親がお子さんの不快さや困った気持ちを理解して、よりいいナプキンを探そうとしてくれたことは、お子さんのこころの満足と納得につながることでしょう。

一緒にいろいろ試して

布のナプキンはネル素材でできていて、皮膚に優しいナプキンとして皮膚が弱い人や過敏な人に愛用されています。ネルだけのもの、袋の中に吸収剤や布を入れて使うタイプのもの、大きさや形状など、さまざまなものがあり、インターネットや通信販売でも購入できますので試してみてはどうでしょう。紙ナプキンのように使い捨てでなく洗って繰り返し使用するので、使用ずみのものを入れておく袋が必要で、洗う手間もかかりますが、慣れると苦にならないと聞きます。

余裕があれば、好む素材の布で一緒に作ってみるのもいいでしょう。韓国にはさまざまなナプキンがあり、保健の教科書にも布のナプキンが紹介されています。先生によっては布ナプキンの作り方を学校で教えているそうですよ。

タンポンは膣《ちつ》に入れて経血を吸収させる生理用品です。プールや公衆浴場などに入るときに使えると便利です。スポーツや登山などの際にも、漏れることを気にしなくていいなどのメリットがあります。正しい位置に挿入するには自分の外性器を知って練習する必要がありますが、初心者でも使いやすい製品が出ていますので、視野に入れておくといいでしょう。（任海園子）

先生、相談です。

思春期まっただなか

中2 男子

ADHD

特別支援学級に在籍

24 息子のたんすから汚れたパンツが見つかりました

息子のたんすから、くちゃくちゃになったパンツが何枚か見つかりました。日頃は、片づけが苦手で、脱いだものはそのへんに散らかしっぱなしなのですが、夢精をしたもののようなのです。どう対応したらいいでしょうか。

息子さんとしては、精一杯、がんばった行動だったのでは

大あわての息子さんの表情が見えてきます。とにかく、自分のからだから出てきた得体のしれないもの、それが何かというよりも、大急ぎで、汚れてしまった下着を丸めて、お母さんや、自分自身の近くから消したかった彼自身の焦りや動揺が伺えます。すでに中学校2年生ということなので、体格はわかりませんが、夢精・精通があってあたりまえの年齢です。

小学校や中学校では、男子の精通についての学習のチャンスが十分になかったのでしょうか。そうだとしたら、この思春期というからだやこころが大きく変化する

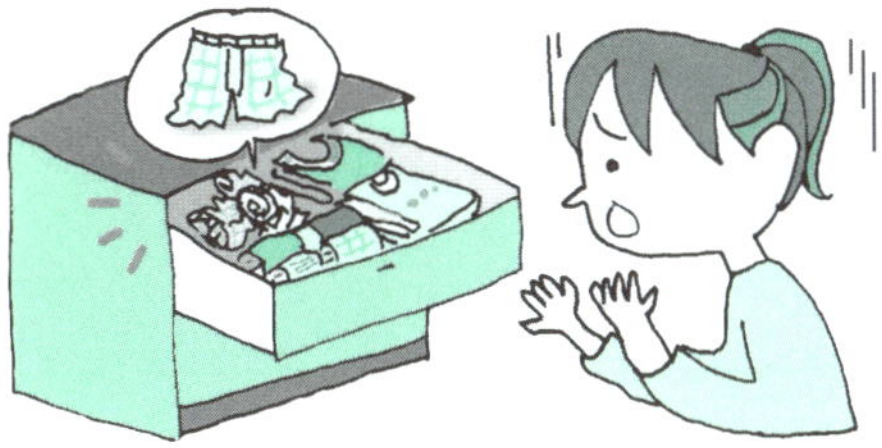

ときこそ、タイミングよく学びたかったはずです。本人が現象をどう受け止めたらいいのかわけがわからず、この行為になってしまったと受け止めることが第一です。
障害の有無にかかわらず、自分自身のからだに想像もつかない出来事が起こってしまうこと、ましてや、性器の先から、尿でもない白くベタベタした粘液が出ること自体まったくの想像外であり、病気なのかお漏らしなのか、自分には記憶もなく、本当に困った世界だと思われます。下着をくちゃくちゃにする気持ちを、大人になってしまった私たちも立場を変え考えてみれば、よく理解できるはずです。

夢精や精通のこと、学校や家庭で話せている？

息子さん一人ではなく、この年頃の男の子は、きっと同じ気持ちのはずです。わからないからこそ学習し、知識を生きるうえでの知恵にしていく学びこそ大切なことです。家庭で、母親が「あのね……」と言って、夢精などの話を切り出すこともできるかもしれませんが、大半の保護者は同性であっても異性であってもなかなか切り出すことが難しいようです。学校は、同じ年齢の仲間がたくさんいるということ、体格も気持ちもみんな違う、一人ひとりが違う集団であるからこそ、「こころやからだの学習」をするいい仲間たちがそろっているということになります。

中学生といえば、人生の大切な時期である「思春期」まっただなか。異性のからだに視点がくぎづけになったり、異性愛に限らず、親ではない「好きな人」の存在

でこころにドキドキ感があふれ出したり、そんな時期だからこそ、男の子が「男性」として歩み始める夢精や精通のサインをしっかり理解してもらいたいのです。大人の男性への準備が始まると、精子が一日5千万個から1億個も作られるといわれます。何種類かの分泌液と混ざり、白っぽい精液となり、ペニスの先から飛び出してきます。眠っている間に夢の中で勃起し精液が飛び出してくることがあり、これを夢精とよんでいます。

家庭ではもちろん、年齢の近い姉や妹がいたら、月経の話など、精通とともに話し聞かせることで、お互い、からだのしくみや理解が深まりいいかもしれませんね。本人が戸惑いのサインを出してからではなく、早めに、やがてからだに起こる変化やその対処を伝えたほうが、どれだけ毎日に見通しをもって、安心して明るく過ごせることでしょう。

学校で学べるよう、先生の背中を押そう

もし、学校でそのような時間が設定されていないようなら、ぜひとも大切な授業だとして、教師の背中をプッシュしてみてください。保護者とともに育て上げる学びは教師にとってもうれしい授業のはずです。必要性を感じ、踏み出そうとしている教師は必ずいます。保護者の声は、先生たちを元気にします。どうぞ声をかけてください。保護者も教師も皆が最初の一歩を踏み出してみましょう。どこから伝え

ていけば……、何を話せば……。大丈夫、「胸に初心者マーク」大歓迎です。知らないからわからないから学習する、理解できたらうれしいって、子どもたちとまったく同じことなのです。

もし、夢精があったら、そのとき伝えたいこと

息子さんの性格によって多少違いはあるかもしれませんが、そっと暖かな眼差しをかけてもらいたいですね。大きな声で母親がびっくりしたようす、悲しそうな表情や戸惑いの表情を見せるのはやめましょう。少年から男性への階段をまさに上ろうとするとき、それにふさわしい表情や言葉かけを準備しておきませんか。

父親など男性からは、あたりまえのことといわれても、母親は小さかった頃の顔を思い出し、頭で理解してもストンと胸に落ちず悩むかもしれません。しかし、息子さんにとって夢精とか精通は、新しい彼の世界が広がる第一歩です。淡々と必要なことを教えましょう。夢精で汚れてしまった下着などは、下洗いを自分ですませ洗濯機の中に入れるとか、最後までしっかり洗って干すとか、それぞれの家庭のルールを決めておきましょう。当然、下洗い用のバケツや洗剤の使い方、干し方も含め伝えておくといいですね。

でも、こんなとき、母親の出しゃばりすぎはやめましょう。本人がプライドをもって自分のからだと向き合う大切な時間を過ごしているのですから。（田中紀子）

先生、相談です。

思春期まっただなか

中3　男子

自閉症スペクトラム

特別支援学校に在籍

25 人のいるところで自慰をしてしまいます

こだわりが強く、場面の切り替えが苦手です。人目があるところでも、マットがあると、寝転んで自慰を始めてしまいます。体重が70キロを超え、力ずくで止めることもできません。どうしたものでしょうか。

まずはちゃんと自慰・射精ができるように

自慰は禁止するのではなく、プライベートな性的行為として身につけさせてください。人前や、性器を傷つける方法でしていると、やめさせようと考えてしまいますが、「だめでしょ！」という禁止の言葉は、人格そのものを否定されたように感じさせ、自己肯定感を下げていきます。本来は、個人の秘密の行為ですが、子どもによっては、見守りや支援を必要とすることもあります。自慰を止めることは、すべての抑圧につながりますので、自慰は自然なこととして肯定的にとらえましょう。

自慰のもつ意味は、①自分のからだを楽しむ（セルフ・プレジャー）、②自分の

欲求をコントロールする（セルフ・コントロール）、③自分のからだを発見する（セルフ・ディスカバリー）、④自分だけの秘密をもつ（セルフ・プライバシー）といわれています。自慰の確立は思春期を乗り越え、青年期の自立に必要な「一人になる力」を育むための大きな課題の一つです。親からの自立のきっかけとなります。特に男性には必須科目といっていいでしょう。自慰の確立は性的自立であり、大人の姿です。「権利としての性」を保障し、「自慰・射精ができる力」を獲得できるように支援していきましょう。

いつ教える？　誰が教える？

射精に至らずいつまでも性器をさわっている、勃起した性器をどうしていいのかわからずイライラしている、床やシーツなどに性器をこすりつけている、イライラして物にあたる、他害をするが原因はわからない。このような状態を見たら、なるべく早く教えましょう。清潔にした自分の手で優しくタッチして射精できるように、大人が一緒にやってみせたり、本人の手に添えて介助したりして、本人に合った具体的な方法で教えることが求められます。自慰を行うときに必要な性的ファンタジーを描くことが苦手な彼らにとっては、自慰の確立は高いハードルとなっています。だからこそ丁寧に、繰り返し繰り返し教えていきましょう。最初に射精したやり方を修正するのが困難になってきますので、最初から安全な方法を教えたいものです。

射精後の始末なども同時に伝えましょう。

教えるのは父親に限定せず、本人にかかわっている教師・寄宿舎指導員・放課後デイの指導員・ガイドヘルパーなどで、本人にとっていちばん信頼のおける同性が、本人や家族の了解を得て教えましょう。できれば、かかわる支援者が多い18歳までにできるようになるといいでしょう。

不適切な自慰の場合は…

先ほども少しふれましたが、人前でする、性器を傷つけるなどは不適切な自慰といえます。また、トイレに長時間こもってほかの人に迷惑をかける、手をいつもズボンの中に入れていて活動に支障が出るなども、不適切な自慰といっていいでしょう。

このようなときは、置かれている環境や背景を探ってください。不安や緊張がある、人間関係がうまくいっていない、退屈しているなどが考えられます。打開策を一緒に考え、問題の解消を図ってください。自慰の確立には時間がかかりますので、やり方を教えたり見守ったりすることも大切です。その積み重ねでこころの安定が得られ、自然と、不適切な自慰は減っていくでしょう。

安心してできる場所の提供が大事！

安心してできる場所の提供が最も大事です。外出先や学校など人目のあるところで自慰を始めたら、「ここでなら大丈夫」という場所に誘ってください。誘っても移動しないこともあります。そのようなときは自慰を止めるのではなく、パーテーションや毛布、上着等を利用して人目を遮る工夫が必要です。終わったら「今度はおうちでね」と言葉がけするのもいいでしょう。根気強くはたらきかけることで、時間はかかっても最終的には一人になれる場所でできるようになっていきます。

時間と場所を選び、安全な方法なら、一日何回してもからだに悪いものではありません。また、覚えたての頃はしばらくとりこになるときもあります。いちばんいいのは射精したあと、すぐに洗い流すことができる自宅のお風呂です。

小さいときからトレーニングを

排尿時に「性器をしっかり持って、包皮をむいて排尿する。よく振ってから、包皮を戻す」という小さいときからの繰り返しが自慰のトレーニングになっています。最近は洋式トイレを使うことが多くなっていますが、性器を下に向けるだけではなく、この方法を教えましょう。また、入浴時にも同様なことがいえます。「包皮をむいて優しく洗う、洗ったら包皮を戻す」、このやり方を丁寧に繰り返し伝え、できるようにしておくことが、将来の自慰の確立に向けてのトレーニングとなっています。（東みすゑ）

先生、相談です。

思春期まっただなか

中3 男子

ADHD

通常学級に在籍

26 包茎で悩んでいるようです

修学旅行から帰ってきてから少し落ち込んでいたようすでした。漫画雑誌に載っている包茎専門クリニックの広告を見てため息をついていたので、きっとそのことで悩んでいるのではないかと思います。包茎の手術を受けさせたほうがいいのでしょうか。

悩みによく気づいてくれた

中学校3年生、思春期を迎え、こころもからだも大きく変化し、包茎に限らず、ペニスの大きい・小さい、自慰など、悩みを抱える子どもが多くなるのがこの時期の特徴です。思春期まっただなかのお子さんのこころの変化をとらえ、悩みによく気づいてくれました。

ここはお父さんの出番です。同性である父親から、思春期の悩みを含め、包茎のことについて話しましょう。特に、包茎は、思春期の男の子のからだの悩みのなかではいちばん多い悩みといわれていますので、人生の先輩からの、科学的に正しく、

かつ、暖かいアドバイスが大切です。

包茎には、真性包茎と仮性包茎がある

包皮が亀頭（ペニスの先端）を覆っている状態を包茎といいます。手を使って包皮をむくことで亀頭が露出できる状態であれば「仮性包茎」、露出できない状態であれば「真正包茎」といいます。さまざまな調査結果からも、日本人の成人男性の7～8割は仮性包茎であるといわれています。お子さんも、仮性包茎である可能性が高いと思われます。

小さいときから、排尿の際やお風呂でからだを洗う際に、「包皮をむいておしっこをする・ペニスを洗う。終わったら包皮をもとに戻す」ということができていれば心配することはありません。包茎の場合、包皮と亀頭との間（特に亀頭の下部にあたる冠状溝の部分）に上皮細胞などのかすがたまり黄白色の塊ができ、これを恥《ち》垢《こう》といいます。入浴時に、ペニスを洗う際には、この恥垢をきちんと洗い落として清潔にするように教えてください。

もし、包皮をむくことができていない場合、突然、包皮をむこうとしても、強い痛みが起こり、うまくいかない場合があります。その場合は、あわてずに、時間をかけて少しずつ包皮をむいていくようにするといいでしょう。このときに大切なのは、むいたあとは必ず包皮をもとに戻すということです。そのままにしておくと亀

頭が首を絞められたような状態になって、鬱血《うっけつ》して紫色に腫れたりすることがあります。

ゆっくりでも亀頭を露出させることができるようになれば、それは仮性包茎です。仮性包茎は、手術をする必要はありません。

治療する場合は？

仮性包茎の場合は、手術をする必要はありませんが、真正包茎の場合は、手術を考える必要があります。信頼できる泌尿器科を受診してください。仮性包茎の手術は保険適用外ですが、真正包茎の手術は保険が適用されます。

相談では、息子さんが「漫画雑誌に載っている包茎専門クリニックの広告を見て」いたというエピソードが示されています。包茎手術を行うクリニックのすべてが利益優先の悪徳診療をしているというわけではありませんが、雑誌の広告やテレビのコマーシャルなどで包茎手術を積極的に勧めようとしているクリニックは、必要のない手術までを必要と思わせ、患者の満足よりも病院の利益優先が目的となっているケースがみられます。著名なタレントを使い安心感を与え、包茎であることが不潔であり一人前の男として認められない、包茎は女性に嫌われるなどとコンプレックスをあおるようなものであれば、十分に注意する必要があります。こういった営利主義に対する批判の目を育てることも大切です。（坂戸千明）

コラム

性器＝わいせつ？

突然ですが、性器って「わいせつ」ですか。

判例では、「徒《いたずら》に性欲を刺激・興奮させること」「普通人の正常な性的羞恥心を害すること」「善良な性的道義観念に反すること」が、「わいせつ」の三要件とされています。国家が「わいせつ」を規定することへ異論もありますが、主張したいのは、表現方法によって「わいせつ性」が発生するのであって、性器そのものが「わいせつ」ではないということです。

しかし、性器そのものを「わいせつ」ととらえてしまう感覚がある人は少なくないようです。性器は、手や足と同じく、大切なからだの大切な一部です。にもかかわらず、自らのからだに「わいせつ」な部分があると思い込まされたら、自己肯定感がダウンしてしまいます。

性器そのものを「わいせつ」ととらえる感覚から卒業しないことには、「自分のからだは大切」という感覚を本当に内面化することは難しいのではないでしょうか。

先生、相談です。

思春期まっただなか

中3　女子

自閉症スペクトラム

特別支援学校に在籍

27 気がつくと性器をさわっています

知的障害をともなう自閉症スペクトラムの生徒です。女の子なのですが、自慰をしています。教室や遠足のバスの中でも自慰を始めてしまい、ときに「気持ちいい」と叫んだりしています。いったい、どのように指導すればいいのでしょうか。

激しい性行動はなぜ?

二次性徴によるからだの変化を受け入れられない混乱状態、それでいて自分をよきものととらえたいとあがく感情は、怒りとなって自傷行為や他害行為、そして自分をおとしめる激しい行動に現れたりします。そのなかには性的な行動もあります。障害のある子どもの激しい性的行動は、重大な「問題行動」とみなされますし、実際、学校の教室や遠足のバスの中で自慰をして「気持ちいい」などと叫ぶのでは先生たちもお手上げ状態ではないでしょうか。

手に負えない行動を起こす子どもを「どのように指導すればいいのでしょうか」

という相談ですが、まずは「指導」という言葉を横に置いて、このお子さんにどうかかわったらいいのかを考えてみましょう。

まずは、こころを通わす方法を考える

お子さんの気持ちを考えてみましょう。いちばん困っているのは保護者でも教師でもなく、本人自身です。支援者がどう対応していいか途方にくれるようなときは、ただひたすら彼女の行動を受け入れて、彼女とこころを通わすよりほかに方法はありません。特に性的行動については、大人が上から目線でやめさせようとしたり叱ったりしても、うまくいかないどころか、本人のこころを傷つけ、ますます激しい行動になることは、ほかの相談でも述べているとおりです。学校や放課後デイ、そして家庭でも、特別に安心して休める空間を用意して、激しい行為のときはかまわないでそっと一人にしておくのも一つの方法です。

大人が途方にくれたときは「あぁ困ったなあ」と自分も困っていることを伝え、乱れた洋服を整えて「ほらもう大丈夫だよ」と言ったり、性器をさわった手を突きつけてきたら、温かいタオルで優しく拭いて「気持ちいいね」と言葉を添えたりするなど、最後まで見捨てないよという態度で寄り添いながら、子どもの内面にはたらきかけていくことです。長い月日がかかるかもしれませんが、子どもの「こころが動いて」お互いにこころが通じるようになると、それは劇的な変化となるもので

す。同じように性器をさわっていても穏やかな表情で優しくさわるようになりますし、「やっぱりいけませんか」と問いかけるような目だったりします。こちらも「あなた、わかっているんでしょう」などと笑顔で声をかけて、言葉のやりとりを楽しみます。こんなかかわりができるようになると、もう安心です。

育ちの中の虐待が考えられる

お子さんの行動は、思春期に現れる二次障害といわれたり、重い場合は行動障害といわれたりもします。こうした場合、幼少時の虐待（abuse）が要因になっていることが多いのです。特に、手に負えない激しい性的行動であれば、生育歴の中での理不尽でつらい経験が原因にあると考えられます。

うまく言葉で表現できない自閉症スペクトラムなどの子どもの場合、たとえ善意であっても「だめだめ」と言う注意や叱責、しつけと称する体罰がその子のこころを傷つけます。幼児期のこだわりや偏食などの矯正プログラム、学校教育での訓練的またはスパルタ的な指導、うむを言わせない集団行動が、子どもにとってabuseとなります。感覚過敏な子には集団でいるだけで虐待環境になります。育てにくいゆえに親も鬱《うつ》となってネグレクトそして養育放棄となったりします。さらに家庭や施設で性的虐待を受けている場合もあります。性的虐待はなかなか表には出てきませんが、実はかなりの障害児たちがその被害に遭っています。

教師はもちろん、放課後活動の支援者など子どもにかかわる仕事に就いている人たちは、性的虐待についての知識をもって、激しい性行動の子の理解と支援を考えることが大切です。専門機関と連携しながら対応を検討していきましょう。

支援者のセクシュアリティが問われる

発達障害の子どもの「性的問題行動」への対応を重ねてきて思うことは、どんな重い障害の子も「話せばわかる」ということです。本人は話せなくても、内言語は豊かにもっている子どもが多いのです。こちらの気持ちを言葉で話し、彼女の気持ちも言葉にしてみせると、こころが通じて子どもはうれしいのです。

さらに問われるのは、支援する大人のセクシュアリティです。女の子の自慰については一般に嫌悪感をもってみられますが、当然、男の子と同じように女の子も自慰をしてもいいのです。また、性的に成熟している子がオーガズムに達するその姿にも動ずることなく、彼女に敬意をもって接することが大切です。大人自身、自らのセクシュアリティを育むことが第一歩なのです。激しい怒りにまかせた自慰のときも、子どもは、大人たちが自分を見捨てるかどうかを冷静にみているものです。

こうしたケースへの対応は、大変難しいものですが、珍しいことではありません。大人たちがさまざまな知恵を寄せ合って、子どもの人権保障、発達保障に向けて粘り強い取り組みをしてほしいと願います。（永野佑子）

先生、相談です。

思春期まっただなか

高1　男子

自閉症スペクトラム

特別支援学校に在籍

28 好きなタイプの女性の顔をじっとのぞき込んでしまいます

ときどき、通りすがりの女性の顔をのぞき込むことがあります。誰にでもということではなく、好きなタイプの人に衝動的にしてしまうようです。それ以上に何をするわけではなく、大きな問題には今のところなっていませんが、親としてはハラハラものです。どのように対応したらいいでしょうか。

すてきな人、見つかったかな？

「好きなタイプの女性がいるんだね。どんなタイプの人かな」

「あなたが好きな人、だいたいわかるようになってきたよ」

こんな会話ができるようになってきたら楽しいですね。つい、大人である私たちは、息子さんを加害者という立場にさせてはいけない（なってはならない）と、先に先にと息子さんの思いにバリアを張ってしまい、本人の周囲の人や物に気を遣いすぎてしまう場面がたくさんあります。異性に（とりわけ男性が女性に）近寄りすぎることで、「あの子は誰だ！　親はどこだ！」という世間の批判が息子さん自身

や保護者に向けられ、いわれなき言葉を浴びせられたり、通報されたりと、その無理解に悔しい思いや腹立たしいこともたくさんあったでしょう。

人にひかれるって、だめなこと？

世間がいうところの「問題行動」とは、はたしてどんな行動をさしているのでしょうか。思春期から青年期と、息子さんのからだや気持ちは生活年齢にふさわしく成長してきています。保護者以外に関心をもち、自分にとってのタイプを求め、探し始めるこの時期はとても大切な時期です。どんな人でもいいのではなく、自分自身の好きな人、そばにいて心地よさを感じさせてくれる人を追い求めているのです。やっと、そんなすてきな人を見つけたと思いきや、「近い！　離れろ！」と言われれば言われるほど近くに行きたい、顔が見たい、肌は、髪は、服装は、香りはと、確認したい触覚が動くのは、自然といえば自然な姿です。大人も誰しも経験したこと。息子さんは一所懸命なのです。きっとこころがドキドキ感で一杯です。これまでには考えられない感情が芽生えているのです。「人を好きになる力」は育てていかなければ萎えるものです。人にひかれるって、これってだめなことですか。

人を好きになる前向きなエネルギーをそがないで

動物が好き、花が好き、バスが好き、電車が好き、アニメが好き……、いろいろ

な趣味嗜好《しこう》が人にはあるものです。あれもだめ、これもだめでは、人や物とかかわっていこうといった前向きなエネルギーはどこへいってしまうのでしょう。どこで育てていけばいいのでしょう。興味・関心があるということは、生きていくための活力や元気とつながっています。「だめだめ」と禁止ばかりの子育てや教育はもうやめましょう。

親御さんの不安そうな態度を息子さんはキャッチし、自分のことを見守ってくれているというより、「見張られている」といった感情を強く抱くことでしょう。これでは、毎日が窮屈な味気ないものになってしまいませんか。そして、自分のことをどうして信用してくれないのかと、常に息子さん自身の行動が固く、ぎこちなくなってしまいますね。親離れ、子離れに向かうこの時期は、本来もっと伸び伸びとした気持ちでいたいはずです。

出会いのチャンスを大切に

たくさんの人との出会いで、さまざまな人がいることを理解します。自分を大切にすることは、相手の立場や気持ちも大切にする力が備わっているということです。人間好きな大人に育っていけるよう、出会いのチャンスを大切にしたいですね。コミュニケーションの方法やマナーを磨けるよう、そんな場面をつくっていきたいものです。何をしでかすか不安だから、ドアからドアの送り迎え、保護者同伴では味も素っ気もない楽しみのない日常になりそうですね。

地域によっては、男女一緒にダンスやエアロビクス、料理教室、カラオケ、こころとからだの学習などといったように意図的、計画的につくられた学びの場もあります。この時期の人間関係をうまく乗り切っていけることが、将来につながっていくのです。息子さんの興味を肯定的に考えてみましょう。

人を好きになり、好意を伝える経験が積めるよう

順調に何も苦しむことも嘆くこともない「恋愛」もあるでしょう。でも、いい感じでスタートしても、相手の気持ちや都合もやはりあるものです。強引にせまったり、しつこくつきまとったりという行動は、相手を怖がらせ、気持ちを無視することになります。片思い、失恋といった、こころが傷つく経験、別れるなどの経験のほうが、人生にはたくさんあります。

息子さんのように、人に好意をもったり、それを伝えたりする経験ができることには大きな意味があります。社会に受け入れられる方法、伝え方をきちんと教え、身につけさせましょう。相手を傷つけたり、追い回したりすることは、社会では認められないということも丁寧に伝えていきましょう。そういったことが、青年として育っていく息子さんにとって必要なことなのです。日々の親子の会話の中で、少しずつ話をする時間をつくってください。（田中紀子）

先生、相談です。

思春期まっただなか

高1　女子

未診断

特別支援学校に在籍

29 コンドームの使い方などを教えると、セックスを奨励することになりそう…

娘も年頃ですので、すてきな人とおつきあいをするのは仕方ないと思っていますが、やはり望まない妊娠なんてしてほしくはありません。でも、コンドームの使い方などを教えると、かえってセックスを奨励することになりそうで、躊躇《ちゅうちょ》しています。

恋愛は生きる力

青年期を迎える頃には、こころや感情が豊かに育ってくることが感じられます。人にあこがれたり、人を好きになったりすることはこころが成長したあかしなのです。好きな人ができて恋愛を通して人間関係を育んでいきます。恋愛は、人が生きることの原動力になるといってもいいでしょう。大切にしたいものです。

しかし、障害のある人の恋愛には、まわりの応援や理解がまだまだ追いついていない現実もあります。親たちからは、障害のあるわが子の恋愛には大反対で「寝た子を起こしてほしくない」との相談がよく寄せられてきます。好きな二人を無理や

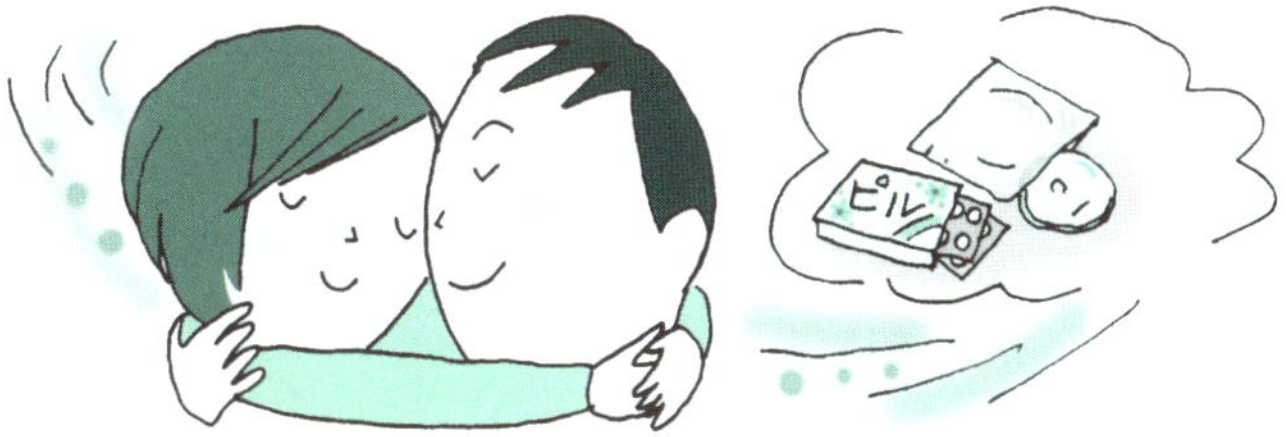

り別れさせることではなく、周囲の理解と支援の中で恋愛をどう深めていくかという展開で話を進めていくことが大切です。

寝た子は科学的に起こす

好きな人ができるとお互いのからだに触れ合いたいと思うのもごく自然なことです。思春期から青年期にかけては、交際の仕方、そしてセックスはいちばん気になることです。性に関する知識や態度は、何もしなくても、自然に身につくものとの考えが、まだまだ根強いのではないでしょうか。でも本当は、障害のある人たちにもわかりやすいように性の知識と情報を正しく教えることで、自分のからだを大事に思い、性に慎重になる姿勢が育つといわれています。

望まない妊娠や性感染症によって、娘さんが傷つくことがないような対応も大事です。避妊方法や性感染症の予防方法については、正しい知識をしっかりと教えることが必要です。一般的には、避妊のためには「低用量ピル」を用い、性感染症の予防のために「コンドームを併用すること」が望ましいとされています（p133コラム参照）。

婦人科医を味方につけて

低用量ピルの副作用は、ほとんど問題がないといえる水準になり、月経痛の軽減

などの副効用も期待できますが、飲み続けなければならないので支援が必要です。また、日本では低用量ピルは処方薬ですので婦人科の受診が必要になります。女性にとって「かかりつけの婦人科医」は、何よりも心強い支援者になります。

コンドームは主体的に自分を守るため

コンドームは、正しく使用すれば高い率で避妊効果があります。また低用量ピルでは予防できない性感染症への罹患《りかん》を防ぐことができます。性の安全を男性まかせにするのではなく、娘さん自身が主体的に自分のからだを守れるような力を育みましょう。セックスのときにパートナーに「コンドームを使って」としっかりと言えるようになること、そう言っても使わない相手は「あなたが傷ついてもいいと思っている人」なので、セックスを断ってもいいということを伝えてください。

コンドームが破損したり、無理やりコンドームなしでセックスをされたりした場合、72時間以内に婦人科を受診すれば「緊急避妊用ピル」を処方してもらえます。このことをきちんと伝え、万が一のときには、「すぐに信頼できる大人に相談してね」ということも伝えておいてください。

恋愛も練習が大事

障害があってもなくても、「人を好きになる」という感情はとてもすばらしいものです。「人を好きになる力」を獲得していくために、相手のこころを気遣い、こころを重ねる力を育てること、コミュニケーションの力をつけることは、恋愛のトレーニングの要です。もちろん、その前提に自分が気遣われた経験がなければなりません。

障害のある人たちは、恋愛を経験する機会すら限定されることが多くあります。告白の仕方、デートの手順、はたまた相手から断られる失恋やそこからの立ち直り方など、自分の経験として、恋愛の準備を、ロールプレイなどを通して、何度も練習できるようにしたいものです。

本当に役立つ知識と情報を伝えて自己決定できる力を育む

障害のある人たちにも、「ポルノ的な感覚」に毒された情報が、インターネットやAV（アダルトビデオ）、雑誌やその広告などで容易に届く環境にあります。AVはフィクションの世界で俳優さんたちが演技をしていると学ぶことが必要です（p141コラム参照）。また、大切な人だからといって裸やセックスのようすを撮影することも危険です。安易にインターネット上に流すと、もう消えることなく、世界中の人の目にふれるようになってしまいます。誰にも見せない約束だったとしても、別れたあとに、インターネットに画像を流す「リベンジポルノ」も深刻な問題になっているといったことも、伝える必要があります。

（鈴木良子）

先生、相談です。

思春期まっただなか

中3 | 男子

LD

通常学級に在籍

30 男の子にも妊娠や避妊などについて教えておかなきゃいけないですよね

もう立派な大人のからだになったようですし、好きな女の子もいるようです。性交はしてほしくないのですが、万が一に備えて、妊娠のしくみや、避妊の仕方なども教えておかなきゃいけないですよね。どのように教えたらいいでしょうか。

からだのしくみをしっかり教えよう！

まずは息子さんがりっぱな大人のからだに成長したこと、好きな女の子がいることを共感的に喜び合えたらいいですね。息子さんがハッピーな思春期を過ごすためにも、ぜひ、大人のからだになった男女がセックスすれば妊娠の可能性が大きいこと、予期せぬ妊娠をしないために避妊が必要であることをしっかり教えましょう。

ＬＤとのことですが、『イラスト版　発達に遅れのある子どもと学ぶ性のはなし』（ｐ80「本の紹介」参照）などをテキストにするといいでしょう。個別に教える場合は、できれば信頼関係のある同性の大人が教えます。

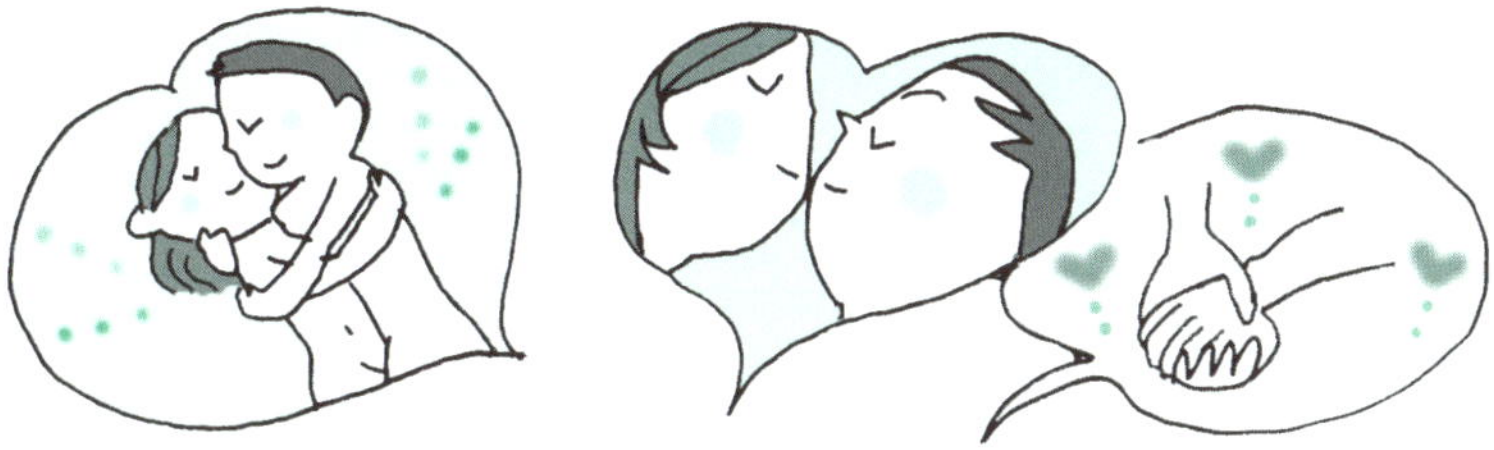

教えるポイント① 大人のからだとは？

大人のからだとは、女性は月経を迎えたからだをいい、男性は精通を迎えたからだをいいます。女性のからだには、まず排卵があり、受精しなければ月経があり、このリズムは約1か月であると伝えます（詳しくは22参照）。男性のからだは刺激やイメージによっていつでも射精できることを伝えます。

教えるポイント② セックス（性交）

セックスは、ペニスをワギナに挿入するだけではないことを強調してもいいでしょう。スキンシップは指切り、握手、腕組み、ハグ、キス、ペッティング、セックスと徐々に濃密になっていくこと、そしてセックスはとっておきのスキンシップであることなど、具体的に学ばせてください。

大事なことは、自分の気持ちだけではなく、相手の気持ちを大切にすることです。セックスに限らず、スキンシップは、必ず、相手の同意を得てからすることが大切だと教えましょう。相手の同意がないセックスが「レイプ」であるということもつけ加えましょう。

教えるポイント③ 避妊と性感染症の予防

29でも示したとおり、避妊と性感染症の予防ができる力を身につけることは必

須です。避妊には、男女双方の協力、特に男性の協力が必要であること、コンドームを使わない人は（生殖を目的としないコミュニケーションとしての）セックスをする資格がないといっても過言ではないことを強調しましょう。

使い方を練習させよう

いちばん身近で性感染の予防にも避妊にも高い効果のあるコンドームについては、実際に、使い方までしっかりと教えましょう。コンドームは、使用期限を確かめ、爪が伸びていないかなど確認し、バナナや丸棒、ペニス模型などを使って装着練習をするといいでしょう。そして、息子さんには、自慰のときにでも実際にコンドームをつける練習をしてみるように伝えます。

練習すれば実行してしまうのではないか、セックスを奨励することになるのではないかと懸念されるかもしれません。しかし、障害の有無にかかわらず、多感な思春期の好き合った男女が、無知であるゆえに予期せぬ妊娠をする事例は多々あります。その意味でも、コンドームの使い方を知ることは必須ですし、こういった学習を通して、セックスに慎重になることができるということも明らかにされています。

そして、大人のからだになった人のマナーとして、セックスをするかもしれないパートナーがいるときには、「ハンカチやティッシュと同様にいつもハードケースに入れたコンドームを携帯しましょう」と伝えたいものです。（谷森櫻子）

コラム

低用量ピルの普及に向けて

低用量ピルの日本での普及率は非常に低い水準です。コンドームに比べてはるかに避妊効果が高いことに加え、女性が主体的に避妊に取り組めるという点で、普及が求められます。

使用を躊躇《ちゅうちょ》する人からは、副作用への懸念、値段が高い、婦人科の受診が面倒ということが聞かれます。副作用は使用開始直後に小さな症状はあるものの、以前の高ホルモンのピルのような副作用の心配はなくなりました。費用は、認可当初の3分の1程度まで下がっていますし、何よりも「望まない妊娠」をした場合の経済的・心理的損失からみれば微々たるものです。婦人科の受診という点は、むしろ、「婦人科の主治医をもてる」ととらえるといいのではないでしょうか。

きちんと専門医の指導に基づいて服用すれば安全性も担保されますし、月経痛の改善などの副効用も期待できます。ただし、性感染症を予防することはできませんので、性交時はコンドームを併用することが基本です。

先生、相談です。

思春期まっただなか

高1 女子

知的障害

特別支援学校に在籍

31 誰に対してもスキンシップをとってしまいます

高校生になったにもかかわらず何のためらいもなく人に触れ、好きな相手には近くに行って話したり、ハグしたりします。特別な感情でしているというよりは、人が好き、スキンシップが好きという感じですが、離れなさいと言っても理解できず、どのように説明するのがいいでしょうか。

「人が好き」を損なわないように…

「人が好き、スキンシップが好きという感じ」とありますから、心理面にケアすべき問題を抱えているわけではなさそうです。対人関係に前向きなところを損なわないまま、より適切な行動がとれるように導きたいものですね。17でもふれたように、人との関係性は経験を通してこそ学べるものです。多くの経験が積めるよう、そして、相手も自分もハッピーなスキンシップがとれていくよう、応援しましょう。

ハグのマナーを教える

人によって感じ方が違うことを学ぶのは難しく、しかも知的障害のため相手の立場で考えることの困難もありますが、スキンシップ全般を禁止するような支援は望ましくありません。ハグについても、どういう状況で、どういう相手に、どのような方法でならいいのか、基本的なマナーを教えましょう。家族で一緒に考えてみるのもいいでしょう。

【ハグはどういうときに？】その場のみんながうれしい気持ちになって盛り上がったとき、大事な人が悲しそうにしていてなぐさめたいときなど、ハグは気持ちを伝えるのにいい方法です。

【ハグはどのように？】みんなが盛り上がってうれしい気持ちを共有したいときは、強めのハグでよさそうです。悲しい気持ちに寄り添ってなぐさめたいときは、そっと肩を抱いたり背中をさすったり、優しく手を握ったりするのがよさそうです。

みんなで学べるロールプレイの機会を

お互いの気持ちの確認が必要、そもそも人の気持ちはいろいろ、ということを学ぶには、ロールプレイが有効です。学校で教師や生徒によるロールプレイを通じて、みんなで学べるのが望ましいでしょう。ロールプレイなら、自覚するのが難しい自分の行動を客観的にみることができ、ほかの人の多様な意見を聞くこともできます。

そうした中で、ハグをうれしく感じる人もいるが、からだに触れられるのがいや

な人もいると知ることができます。また、たとえば「ここならいいよ」と手を示し、「握手がいいです」と伝えることで、相手も拒否されたという気持ちにはならないといったことを学ぶことができます。この学びは、触れられるのがいやな人は「いや」と言っていいことを知る体験にもなります。

ほかに、からだに触れることについて楽しく学ぶ「触れ合いさいころ」ゲームもお勧めです（⑰参照）。ぜひ、学ぶ機会をいろいろとつくってください。

「触れ合いの文化の保障」が大切

いろんな人と楽しく手やからだを触れ合う機会を保障することも大切です。たとえば、男女で手を取り合って踊るフォークダンスや社交ダンスなどがお勧めです。からだに触れ合う遊びを取り入れるなど、楽しく触れ合えるような取り組みを学校や放課後デイでしてもらってください。

「離れなさい」「だめ」と禁止するだけでなく「触れ合いの文化の保障」をしてほしいのです。その中で安心できるかかわり方、気持ちのいいかかわり方が身についてきます。それは社会に出たときに生きてきます。「快」の体験、「触れ合いの文化の保障」があることで、人とのかかわり方が変わっていくのです。

そして当然ながら、その前提として、適切かつ十分な性の学びが保障されていることも大切です。（千住真理子）

コラム

包括的性（セクシュアリティ）教育

「はじめに」で触れた「性の権利宣言」では、包括的性教育の権利も確認されています。この宣言の最新の改訂版には、「人は誰も、教育を受ける権利および包括的な性教育を受ける権利を有する。包括的な性教育は、年齢に対して適切で、科学的に正しく、文化的能力に相応し、人権、ジェンダーの平等、セクシュアリティや快楽に対して肯定的なアプローチをその基礎に置くものでなければならない」とあります。

この包括的性教育の考え方に基づく性教育が国際的な趨勢《すうせい》となっていますが、残念ながら日本の教育行政は性教育に抑制的な姿勢を貫いており、国際的な水準から後れをとるばかりです。アメリカ性情報・教育協議会の「包括的性教育ガイドライン」では、「性的な健康なおとな像」を提起し、性教育実践の目的と位置づけています。まずは、おとな自身が「性的に健康」であることをめざし、そして、次世代を担う子どもたちに包括的性教育を提供していくことが求められます。

先生、相談です。

思春期まっただなか

高1 男子

未診断

特別支援学校に在籍

32 恋愛ゲームと現実の区別がつかないようです

恋愛ゲームのファンタジーの世界に凝っているようです。学校で女の子に「胸をさわっていい?」と言ってみたりしたそうなのですが、本当のことなのか、ゲームのセリフを言っているだけなのか、よくわからない状況です。いろいろ言ったら混乱しそうで……。

ファンタジーの大切さ

高校1年生は思春期のまっただなかです。すね毛や性毛が生え、声も低く変わり、からだつきも大人になってきていることでしょう。恋愛ゲームのファンタジーの世界に凝っているとのこと、なかなか現実世界では、女の子との関係で思い描くような経験をすることは難しく、ゲームの世界で楽しんでいるのではないでしょうか。

この時期の男の子にとって大切なのは、自慰ができることです。ファンタジーの世界を思い浮かべながらするとスムーズに「快・気持ちいい」の世界に浸ることができます。ところが、障害特性によってはなかなかファンタジーを描くことができ

ず、自慰の確立は高いハードルになります。息子さんはファンタジーの世界を楽しんでいますので、自慰を行ううえでは役に立つのではないでしょうか。

なぜ、ゲームの世界に凝っているのか

女の子に「胸をさわっていい？」と聞くのをどうみるか。ゲームでのセリフなのか、本当のことなのか、いろいろ言ったら混乱しそうでと、どうかかわっていいか心配されていますが、なぜゲームの世界に凝るのか、そこをまず考えてみましょう。

小さいときからゲームをしている、ゲームが好き、女の子や恋愛に関心がある、自分も経験をしたい、女の子とは簡単に言葉を交わせない、女の子にいじめられたことがある、女の子から何を言われるかわからなくて怖い、うまくいかなくて傷つくのはいや、自信がない、つきあうのはあきらめた、などなど。そのためにゲームやアニメの世界にどっぷりと浸って二次元の世界で生きているのかもしれません。

性教育で現実の世界への橋渡しが可能

筆者は、堺市で青年や特別支援学級の生徒を対象とした性のセミナーを実施しています。その中で、ゲームの世界に生きていた青年・生徒が現実の世界に戻ってくる経験を何度かしました。

このセミナーは、自分や異性のからだを知り、いのちの誕生やつきあい方などを

学び、幸せに生きるための学習をするものです。恋愛ゲームやアニメの2次元の世界に浸っている人は、生身の人間について学ぶのですからドキドキです。さらにおつきあいについて学び進めると、刺激がありすぎて過呼吸になる青年もいました。でも、本当のことを知りたいという思いが彼の支えとなっていました。いのちの誕生の学びでは、赤ちゃん人形の抱っこや沐浴《もくよく》体験もします。いのちは多くの人から受け継いだもの、自分もそうして生まれたとわかる体験です。本当にうれしそうに参加していました。そして、何よりよかったのは、男女が手を取り合って踊るフォークダンスです。手のぬくもりや、手をつなぐ＝からだに触れることでゲームやアニメでない現実の世界を実感できたのでしょう。セミナーが終わる頃には、「女性とおつきあいがしたい」という言葉が素直に出されていました。

学びが子どもを変える

現実問題として、こういうセミナーはそれほど頻繁に実施されているわけではありません。性教育は、本来は学校教育の一環として行われるべきものです。

息子さんが「胸をさわっていい？」と聞いたのは、三次元の現実の世界を少し試してみたくなったのではないでしょうか。性教育のチャンスです。そして、自慰ができているかも尋ねてください。学ぶことで、自慰についての正しい知識や自分の性のコントロール、また、女性に対する自分の思いが特別なものでないことや自尊感情が育ってきます。子どもの気になる行動は、知りたい、発達したいという要求としてとらえてください。息子さんはまだ高等部の1年生。学校教育期間があと2年あります。十分に性教育を受けることで、きっと変わります。ぜひ、学校で性教育の機会をつくってもらってください。（千住真理子）

コラム

AV（アダルトビデオ）はフィクション

現在のインターネット環境では、一般にAVとよばれる性的動画に誰もが容易にアクセスすることができます。学校で性教育が十分に行われていない日本では、AVが性の教科書になっているとまでいわれることがあります。

AVはフィクションです。AVの内容を現実のものと誤解してしまわないためにも、性教育で先手を打つことが重要です。18歳以上で、学びの集団がある場合は、「支援者も含めた複数人で一緒に視聴する」のはいかがでしょう。その場で、「これってウソだよね！」「ありえない！」などと語り合いながら視聴することで、フィクションであるのを理解することができるようになります。

先生、相談です。

思春期まっただなか

高2 女子

ダウン症候群

特別支援学校に在籍

33 異性とのトラブルを学校に相談したら、「近づかない」という指導をされました…

娘が好きな男の子に告白して、ふられて落ち込んでいました。その後、その男の子からときどきからだをさわられることがあり、そのときは「いや」と言って先生に相談したようです。そして、「近づかないように」という指導が入ったのですが、遠ざけるような指導のせいか、娘はとても沈みがちになってしまいました。

あたりまえの姿をどう受け止めるのか?

娘さんは青春ど真ん中ですね。好きな男の子ができて、きっと胸をキュンキュンさせたり悩んだりした末に思い切って告白したのでしょう。親御さんはその間「友達と相談したり失恋して落ち込んだりしている姿を、青春しているな、とほほえましく見守っていた」とおっしゃっています。好きになるのも失恋するのもあたりまえだと受け止めた愛にあふれた感性ですね。すてきな親子だなと思いました。

「恋愛は発達を促す」とも「恋愛は総合学習だ」ともいわれています。人間関係の広がりでもあり、親離れや自立の姿なのです。好きな人ができたことをあたりま

えの発達だと肯定的にとらえ、一人の人間としての尊厳を認めていくような対応が必要です。ただし、恋愛に関しては初心者なので、失恋も含めてたくさん「練習問題」を経験していかなければなりません。

練習問題は学びのヒントがいっぱい！

まず大事なことは、さわられたときに娘さんは「いや」と言えたし、先生に相談もできたということです。「好きなら何をされてもいい」のではなく、そこに愛情や思いやりが感じられなかったから、はっきりと「いや」と言えたのでしょう。さぞや勇気のいることだったでしょう。

一つ気になるのは、相手の男の子のことです。娘さんのように暖かく見守ってくれる大人がそばにいるのでしょうか。素直に本音が言える場があるのでしょうか。そして、断ったのは本人の正直な気持ちだったのでしょうか（どういう断り方をしたのかも気になりますが……）。これまで「恋愛禁止」の指導をされているとしたら、ひょっとして本心とは関係なく、とりあえず断ったということも考えられます。そのあとで「自分に気があるのなら何でも言うことを聞いてくれるだろう」と考えて、からだをさわるようになったのかもしれません。

この二人の姿から、生徒も教師も含めて、みんなで学ぶべきことがいっぱいあります。教材といっては語弊があるでしょうが、学びのヒントがいっぱいです。いい

チャンスなのです。

否定的・罰則的な対応がもたらすものは？

ところが、学校の対応は残念なものでした。実際にどんな指導があったのか詳細はわかりませんが、「近づかないように」という罰則的な対応をみると、勇気を出して相談した娘さんだけでなく、男の子にも「マイナス体験」だけが残って、どうしたらいいのか納得がいかないはずです。トラウマになったり恋愛に消極的になったりする危惧がありますし、大人への不信感から今後は先生に相談しなくなるかもしれません。別のケースでは1週間の出席停止という対応すらありました（18参照）。

子どもたちだけでなく、人間は、失敗とやり直しを繰り返しながら生きていく存在です。特にこういうケースでは「加害者・被害者」という二分法や、安易な罰則は、教育の場にふさわしいとはいえません。

学校に提案したい「恋愛講座」

まずは学校とよく話し合いましょう。娘さんがなぜ沈みがちになっているのか、親御さんが思うところをざっくばらんに伝えてみましょう。娘さんの青春を応援したいと願っていることも、ぜひ話してみてください。

そのうえで、学校の場でこそできる「恋愛講座」の開講を提案してみてはどうでしょう。仮想劇で、デートの誘い方や断り方、失恋したときの対処などを学ばせるのです。自然な流れでデートDVや避妊についても取り上げることができます。ある高校では、先生方が自分の経験をビデオレターにして生徒たちに届ける授業をしたところ、食い入るように見ていたということです。高校生のニーズにぴったりだったのでしょうね。

個別の指導だけでは反省させられた感が強いでしょうが、集団での自由な学びはこころも頭もしっかりと動きます。そうやって思春期の子どもたちは少しずつ「恋愛上級者」に近づいていくのです。否定したり遮断したりではない支援をしたいものです。

学校で難しいなら別の場で、そして家庭でできることを

どうしても学校がきちんとした性教育をすることに前向きになれないようなら、放課後デイや青年学級などの地域の活動の場も学びの場になります。そのためにもふだんから家庭と学校以外の「第三の場」に、何らかの形で所属していると、いざというときに頼りになります。

そして家庭では、これまでのように暖かく見守りながらも、何かあったら相談できる関係を大事にしていってください。家族でも自分の「恋バナ」を話題にすると、ぐっと距離が縮まりますよ。　（永田三枝子）

先生、相談です。

思春期まっただなか

高2　女子

ADHD

特別支援学校に在籍

34 高2の娘が妊娠しました

娘が、「おなかの中が動くけど赤ちゃんかな」と言うのであわてて聞いてみると、同じ学校の男の子と公園のトイレでセックスをしていたことがわかりました。もう7か月で中絶することもできません。私も相手の親も困惑するばかりです。

予期しない!?　妊娠7か月

妊娠7か月とは、さぞ驚き・お困りのことでしょうね。担任をはじめ教師の誰も、そこまでに至る娘さんのからだの変化に気づかなかったのでしょうか。驚きです。ADHDということですが、何かしらまわりとのトラブルがあったり、学校で目立つ存在ではありませんか。それに体育の授業などでも気づきやすいはず……。

当面の対応に追われる中とは思いますが、学校・家庭による性教育のネグレクト状態であったことを受け止め、前向きに進めていきたいものです。

産婦人科受診で確認、連携を

「妊娠7か月」については、産婦人科を受診して確かめたのでしょうか（コラム参照）。また、母子手帳は入手されましたか。まだでしたら、早急に受診して母体・胎児の健康・安全を確認しましょう。

看護師や助産師さんに娘さんの障害の状況も含めて事情を話し、娘さんが初めて上がる内診台ややがて体験する分娩台への不安を軽減するために、あらかじめ見学させてもらうなどして、顔見知りになっておくといいかもしれません。

今後の学校生活をどうするかの相談を

まずは、担任に娘さんの状況について報告し、今後の学校生活についての相談をしましょう。その際、できれば相手の男子生徒の保護者と相談し、同行できるといいですね。保護者として娘さんの体調が許すかぎり学校生活を送らせながら、男子生徒と一緒に性教育を受け、自分たちの行為や娘さんの抱える妊娠・出産などのこと、育児のことなど考えさせたい、といったことなどの共通理解を図りましょう。

しかし、要望を受け入れてもらえなかったり、実行までに時間がかかったりすることも考えられます。学校によっては、生徒の人権侵害であることさえも無視して、自主退学などを勧めてくる場合もあるかもしれません。どう対応するかについては、相手の保護者もまじえ、よく相談しましょう。

「性と生」の学びの保障を―妊娠・避妊・中絶・出産

娘さんと相手の男子生徒の関係がどうなのかわかりませんが、二人は生まれてくる赤ちゃんの母・父となるわけですから、自分たちの行為や今後迎える出産や子育てについて学び、自分たちの問題として自覚し、新しいいのちを受け入れる気持ちを育んでほしいものです。

避妊の学習については他の項で述べていますが、万が一、妊娠してしまった場合、妊娠21週目までなら二人で相談して人工妊娠中絶することができます。人工妊娠中絶は手術などで子宮から赤ちゃんを取り出して、妊娠を止めることです。妊娠11週目までは早期中絶、それ以降は中期中絶といって、手術の方法や費用、所要日数などが異なります。中期中絶の場合は死産届の提出なども必要になります。

育児支援は必須

妊娠を継続すると決めた場合、あるいは、この事例のように人工妊娠中絶ができなくなってから妊娠に気づいた場合、出産、そして育児の準備をしっかりと進めていく必要があります。胎児は胎内でへその緒を通して母体から酸素と栄養をもらって成長し、生まれる準備をします。準備ができると胎児が出産の合図を母体に送り、合図を受けると母体の陣痛が始まり、母子の協働での出産となります。

娘さんの出産後の育児支援は必須です。親御さんで全面的な育児支援が可能でしょうか。男子生徒の保護者のほうはどうでしょうか。もしどちらも難しければ自治体の障害福祉課に相談して、乳児保育など社会資源を活用しながら娘さんの育児支援をすることになりますね。いずれにしても、育児支援をしながら娘さんと相手男性との関係、今後の生活について保護者も含めて相談し、よりいい方法を選択していければと願います。（谷森櫻子）

コラム

妊娠週数・月数の数え方

出産を経験していても、正確な妊娠週数・月数の数え方を知らないという人に出会うことも少なくありません。

妊娠期間を数える起点は、最後にあった月経の初日です。この日を0日目とし、0〜6日目＝0週目、7〜13日目＝1週目……とします。そして、0〜3週目＝妊娠1か月目、4〜7週目＝妊娠2か月目……と数えます。

通常のカレンダーとは少し異なりますので、中絶可能期間などを検討する際には留意してください。

先生、相談です。

思春期まっただなか

高2　男子

未診断

通常学級に在籍

35 女の子をスーパーのトイレに連れ込んで、性器をさわりました

通常学級でどうにかがんばってきました。被害者からの通報で捕まり、家裁に送致されてしまいました。多少こだわりが強いといった面はあるものの、優しく素直な子が性犯罪ということになり、家族の皆が信じられない思いです。今後、どう対応していけばいいでしょう。

障害があるかもしれない青年の性犯罪

優しく素直な息子さんが、なぜ、女の子をトイレに連れ込んで、性的な事件を起こしたのでしょうか。

圧倒的に多い理由は、異性のからだ、つまり女の子の性器がどうなっているのかを知りたかったということです。「男の自分にはペニスがあるけれど、女の子にはどうもペニスがないらしい」と思うと、確かめずにはいられなくなります。そうなると、相手のことも考えずに、「見なければ！」という気持ちで抑制が利かなくなるということが、たとえば自閉症スペクトラムの子などにはあります。自分より弱

く抵抗のできない子を相手にしていますので、悪質と思われがちですが、人間関係に弱いからこそ弱い相手を選ぶことになるのも必然的なことです。

トイレに連れ込まれた女の子はつらい思いをしていますので、この子へのこころのケアも必要です。相手のあるこうした事件は、犯罪とみなされることになります。

きちんと学んでいないことが何よりの原因

しかし、こうした初歩的な問題が「性犯罪」ということになってしまうのは、いかにも悔しいことです。まず、学校で性教育が行われていないことが、性的な事件を起こす第一の原因であることを、声を大にして言いたいのです。本書でたびたび主張してきたことですが、男女の性器についてきちんと学んでさえいれば、無理やり実物を見ようとしないでもすむことなのです。こんな基礎的なことさえ学べない今の学校教育は性犯罪者を作り出しているようなものです。性教育さえあればこうした事件の大半が防げるはずなのです。

また、発達上さまざまな困難を抱える子どもにとって、小・中・高と通常学級で過ごすことは、それだけでもかなりストレスの大きいことになりがちです。コミュニケーションに困難があり、自己主張もできずに我慢する生活の中で、ときには（または連日）いじめに遭って苦しい学校生活を強いられて、ふと欲求にかられた行動に走ったとしても、不思議なことではありません。思春期、青年期に、安心・

安全で「自分が主人公」の学校生活を送れることが、いかに大切なことかも知らなくてはなりません。

つくられる冤罪《えんざい》

息子さんは、おそらく、女の子をレイプするという意図はもっていません。しかし、警察は性犯罪の加害者は女性をレイプする目的のために行うという前提で取り調べをします。まさか女の子の性器を見たいだけだったとは思うわけもありません。

このような事件の場合、警察の事情聴取では、本人の思いを優しく丁寧に聞き取ろうとする心遣いなどはなく、レイプが目的だったろうと誘導尋問されて、ＮＯが言えない青年（少年）はただひたすら恐縮して、警察の言われるままに調書が作られ、レイプ目的に女の子を連れ込んだということになっていることが少なくないのです。事実は下着を下ろしてもいないし、性器もさわっていないにもかかわらず、下着を下ろして性器をさわったという調書が作られることもあります。

事実を確かめる努力を

保護者や学校関係者は警察の言うことをうのみにせずに、事実を確かめる努力をしましょう。そのことが、落ち込んでいる息子さんを励ますことになります。本人の人権を守るためには、事件を知ったらすぐに信頼できる弁護士に連絡をとることが大切です。地域で犯罪などのトラブルに巻き込まれた障害者を支援する弁護士などが集まっている、東京エリア・トラブルシューター・ネットワーク（東京TSネット）などに相談するといいでしょう。

遅くはあるけど今からでも必要な性教育

性教育のある国では、当然ながら性犯罪は非常に少ないのです。たとえば、スウェーデンは性教育が充実している国の一つですが、それは国民の人権を守る考えがベースにあるからです。スウェーデンの人口は約980万人ですが、全国に200以上の青少年クリニックがあり、各クリニックには常駐の職員がいて、地域の10〜22歳くらいの青少年たちへの性教育やカウンセリング、電話相談、医療施設での治療などを行っています。そして障害のある子どもにも手厚い性教育がなされています。あるクリニックを視察した際、障害者の性犯罪の状況について尋ねると、「あり得ない、それはどういうことか」と逆に問われました。「日本では性教育が行われていない」と話すと、ますます「いったい、それはどうして？」と困惑されていました。このように、きちんとした性教育のあるところでは、性犯罪につながることは起こらないのです。

今からでも決して遅くはありません。息子さんが学ぶ機会をもてるようにしましょう。性教育は、仲間とともに学べる場が大切です（38参照）。（永野佑子）

本の紹介

くらしの手帳 ——おとなとしてゆたかに生きるために

「みんなのねがい」編集部 編

全国障害者問題研究会出版部／2014 年

特別支援学校高等部や卒業後の学びの場で、より豊かな暮らしをするための学習の際の「教科書」として発売されたものです。

「くらす」「はたらく」「あそぶ」「お金」に加え「性と生」の章があります。からだのしくみやマスターベーションのこと、おつきあいやセックスのこと、そしていのちの誕生など、大人として最低限おさえておきたいことがわかりやすく書かれています。性器のしくみやコンドームのつけ方などは、わかりやすいイラストつきです。

先生、相談です。

青年期に向けて

先生、相談です。

青年期に向けて

高3　女子

自閉症スペクトラム

通常学級に在籍

36 娘が近くの大学生とつきあっていて、結婚したいと言い出しました

アスペルガータイプの自閉症スペクトラムです。高3になって近くのスーパーでアルバイトをするようになりました。そこで大学生の彼と知り合ったようで、デートもしているようです。キスもしたと言っています。結婚したい、すぐにでも一緒に暮らしたいと言いますが、とんでもないと思っています。

突然の結婚宣言にびっくり！　でも真っ向否定はせずに

アスペルガータイプの自閉症スペクトラムということで、きっと子育ての過程では多くの苦労があったことでしょう。トラブルもありながらなんとか通常学級で進んできて、高校3年生になり、アルバイトもうまくいって、これからどんな人生が待っているのだろう、進路はどうしたらいいだろうかと、親御さんとしてはあれこれ考えをめぐらしていたことでしょう。そんな中での、突然の結婚宣言。それはびっくりですよね。これまでも、思い込んだら一途で修正不能ということが多く、なかなか説得は難しいという経験もされてきたのではないでしょうか。

「とんでもないと思っています」という気持ちはよくわかりますが、真っ向から否定するのは得策ではありません。じっくり話を聞きながら一緒に考えていきましょう。今や娘さんの頭の中は、「すてきなマンションで優しい彼とのハッピーな結婚生活」でいっぱいなのです。

あたりまえの性的発達を喜んで

もう高校3年生ですから、キスをしたり、相手が大学生ということで結婚を考えたりするのは、青年期としてあたりまえの発達です。まず、順調に成長してきたことを喜んでください。障害のある多くの青年が、自分を肯定的にとらえられず「私のような者が人を愛してはいけない」「私なんて人に好かれるわけがない」と悩む中で、恋愛の相手を見つけ、着々と結婚に向かって人生を切り開こうとする娘さんは、むしろ生きるエネルギーにあふれていて、尊敬に値します。また、このように愛情深く育ててきた親御さん自身も、どうかもっと自信をもってください。

この結婚話がどのような結末になるかはともかく、娘さんは今後自分の人生を一つひとつ切り開いていく力があることに確信をもち安心してください。ただし、娘さんの人生は娘さんのもので、親御さんが願う人生ではないことも、この際わかっておく必要があります。ちょっと寂しいでしょうが、こうしたことがよくいう「親離れ、子離れ」ということです。

夢の実現に向け、親子で恋愛について学ぶ

ここでは結婚という希望を否定せずに、恋愛や結婚について親子でゆっくり話し合い、学んでいきましょう。また、彼を家に招いて、好意的に事情を聞きながら、彼とも家族ぐるみのおつきあいをすることが大切かと思われます。

まず、恋愛の必須事項を親子で学んでみましょう。

【その1】恋愛は暴力のない、平等で自由な関係でなければなりません。相手を尊重して、対等な恋愛関係であること。どちらかが強い関係で片方が依存しているのは望ましい恋愛関係ではありません。恋愛の中でそのことに気づき、対等平等な恋愛関係を育てていけるようにしましょう。

【その2】恋愛の終了について学びましょう。恋愛の終了に二人の合意はいりません。片方が「別れたい」と思ったら、いくら片方が別れたくなくても別れる、これが必須条件です。失恋ができる力のある人が恋愛をする資格があります。これは結婚も同じで、離婚ができる力のある人が結婚をする資格があります。すんなり別れることができるとＤＶなどはなくてすむのです。

保護者も一緒に、へえそうなのかなどと話すと、うれしく安心の学びになります。

大人の恋愛は当然性的な触れ合いをともなう

「自分だけの大事なところ」と習ったプライベートゾーンも、青年期・成人期になって恋愛関係になると、お互いの合意のもとで、見せ合ったり触れ合ったりするところになります。セックスの学習も必要です。裸で抱き合い、肌を触れ合うことでお互いの愛を確かめ、生きる喜びを確認し合うことができます。男性のペニスを女性のワギナに挿入することも無理にするのではなく、お互いの気持ちの高まりと了解のもとに行うものです。

そして、妊娠を望まないなら避妊が必要です。結婚して子どもをもちたいなら、いつもつか、何人もつかの家族計画についても相談していくことになります。信頼できる産婦人科の主治医をもつことも考えるべきでしょう。基礎体温を測り月経周期を把握するなど、健康で安全な性生活のために学ぶべきことがたくさんあります。

さっさと結婚していった事例も

あるアスペルガータイプの女の子が、学校卒業と同時に結婚すると言い出し、さっさと結婚してしまった事例があります。彼女の結婚生活は、「いったい今までの心配は何だったの?」という変わりようで、親だけでなく、相談に乗っていた心理の先生もほとんど説明がつかないと言っていました。恋愛や結婚という人生の選択が、潜伏していた大きな底力を生み出したということでしょうか。長い人生は、障害の有無にかかわらず山あり谷ありで、その人その人の人生を歩むということを理解していきましょう。（永野佑子）

先生、相談です。

青年期に向けて

19歳 男子

自閉症スペクトラム

自宅生活・一般就労

37 デートに誘っては、断られる、を繰り返しています

女性とおつきあいしたいという気持ちが強いらしく、少しでも仲よくなった女性には片っ端から告白して、ふられているようです。「モテる男になる秘訣《ひけつ》」などが載った雑誌を一所懸命読んで、そのとおりにしようとしているようですが、うまくいかずにイライラしているようです。

交際は「相手の気持ち」があって成立

人を好きになる気持ちはとってもすてきです。少しでも仲よくなった女性に声をかけるというのは、交際をしたいという強い気持ちの現れととらえることができます。町を歩けば、楽しそうに連れ立っているカップルが日に入ります。自分にも彼女が欲しいという思いになりますね。そうなるために雑誌を読んで研究もしているなんて、その研究心は立派です。

でも、雑誌は売るためにあの手この手で記事を書いています。そして、雑誌には「相手の気持ち」は書かれていません。大切なのは、この「相手の気持ち」です。

一方的な押しつけになっていない？

「相手の気持ち」ってわかりにくいですね。息子さん自身の気持ちはどうですか。「好きです」「好きです」と一方的に告白していませんか。それは相手に自分の気持ちを押しつけることになります。交際をしたい気持ちを前面に出し、彼女がいないことに少々焦っていませんか。こちらの気持ちを強く出しすぎていると、相手は怖くなって逃げてしまいます。

また、次から次への告白は、誰でもいいからとにかくつきあいたいという気持ちからではないでしょうか。女性は、きっとその気持ちを見抜いています。女性は、自分のことを本気で好きになってくれる人と、そして自分が好きになった人と交際したいと思っています。少しだけ話をしたり仲よくなったぐらいで告白されても、なかなかその人とつきあおうという気持ちにはなりません。そのことをまず、理解してもらってください。

自分の気持ちのコントロールができている？

女性から断られることばかりでイライラしているとのことですが、女性に対する自分の気持ちのコントロールがうまくいっていないように見受けられます。自慰はできていますか。男性にとって自慰ができることはとっても大切で、自分の欲求をコントロールすることにもつながります。つまり、恋愛がうまくいかなくてイライ

ラしているときは一人になり、自慰をして気持ちを落ちつかせるというスキルを身につけておくことが必要です。

一度、自慰ができているかどうか確認してみてください。できていないようでしたら、父親か、息子さんにかかわる同性の人、たとえばガイドヘルパーやショートステイのスタッフ等の支援を受けて、できるようにしてほしいものです。そうすることによって女性に対するかかわり方も少し変わってくるでしょう。すでに自慰ができていたら、からだに悪くはないので堂々と自室でさせてください。

交際の始め方、あきらめ方の練習を

交際についての学びが必要です。告白をする練習、答える練習も必要でしょう。そして、告白をしたら返事を必ずもらうこと、相手も「好きです」という返事があって初めて、交際がスタートします。

いい返事がもらえないときは、あきらめることが大切です。実は、告白をして断られるケースのほうが、うまくいくケースよりずっと多いことを、まわりの人が経験をもとに話してみてください。ロールモデルが必要です。話を聞いて知ることで、「自分だけではないのだ」と安心します。

楽しい交際を長く続けるために

楽しい交際を長く続けるためには、二人が気を遣わずに何でも話ができる「対等な関係」をつくることです。こんなことを言ったら嫌われるのではないか、もう会ってもらえないのではないと思いながらつきあうと、しんどいですね。自分だけの意見で進めていったり、また反対に相手の気持ちだけを聞いて自分は我慢したりするのは、「対等な関係」ではありません。それでは楽しくありません。デートの費用は互いに出し合う、遊びに行くときは二人で相談をする、相手がいやと言ったことはしないなどが大切です。

もう一つ知っておいてほしいことは、男性と女性では気持ちが違うことです。交際が始まると、多くの男性は女性のからだに触れたい、キスをしたい、セックスをしたいという気持ちが強くなるものですが、女性は話をしたい、一緒に過ごしたいという気持ちでいることが多いものです。ですから、相手に聞いてほしいのです。たとえば、セックスについては「セックスをする？ しない？」と必ず聞くこと。つまり「同意」を求めることを教えてください。同じ気持ちかどうか確かめるのです。そこで自分の気持ちをきちんと話すことができたら、「対等な関係」です。

交際のスタートは相手の「同意」が必要ですが、別れはどちらか一人が「いやだ」と思ったらそれで決まりです（36参照）。こうした交際の仕方について学び、本当に好きな人だけに告白をするよう勧めてください。（千住真理子）

先生、相談です。

青年期に向けて

24歳　女子

知的障害

グループホーム・作業所

38 相思相愛の人ができたようですが、今後どのような支援をしていけば？

張り切りすぎると体調を崩すことがあり、周囲はブレーキをかけがちです。青年学級で知り合った男性と相思相愛になって盛り上がり、支援員がついてグループデートに行ったりしています。まだ二人きりのデートはさせていません。これからを思うと心配なことばかりです。どのような支援をしていけばいいでしょうか。

「どのような支援をしていけば？」との質問の意味

こういう事例の場合、「どこまで進展してしまうのでしょうか」「どうしたらやめさせることができるでしょうか」という相談内容になりがちです。このこと自体が人権侵害なのですが、「恋愛禁止」を徹底している特別支援学校が多い昨今、卒業後もその価値観で障害青年をみている保護者や支援者も多いのです。

相談の保護者は、心配なことはいろいろあるけれど、とりあえずは二人の恋の行方を見守ろう、というスタンスのようで、ひとまず安心できます。娘さんは、グループデートができてどんなにかうれしかったことでしょう。好きな人ができて盛り

上がり、あれもしたいこれもしたいとイメージ（妄想？）が膨らんでいる娘さんのそばで、気をもんでハラハラしている親御さん、という構図が見えてきます。いくつになっても心配の種はつきませんね。

「恋愛文化」に憧れる青年たち

現代の若者たちの間ではロマンチックな恋愛が至上とされ、テレビや雑誌にはトレンディな恋愛の情報があふれています。恋人がいないと「乗り遅れている」「ダサい」「負け組」と感じ、焦る若者も少なくないそうです。

障害のある青年たちも、多かれ少なかれその若者文化に浸っています。ドラマで見るようなデートをしてみたい、原宿で流行のお店に行ってクレープを食べたい、という具体的な憧れをもつようになるのです。それは「大人になった」あかしでもあり、あたりまえの願いです。けれども障害があるために一人や友達同士で気楽に出かけることはなかなかできない、ましてやデートなんか自分には無縁だとあきらめている青年もいることでしょう。「憧れとプライドは成長の原動力」ですから、憧れをもつことを、障害を理由に阻んではならないはずです。

「憧れ」から多様な「恋愛」へ

青年たちの「好き」や「つきあう」にはさまざまな思いが込められていて、周囲

の心配とはちょっと違うのだなと思うことがよくあります。いちばん気になるのは恋愛に依存したり逃げ込んだりしていないか、そのほかの人との関係や生活も充実しているかという点です。どんなケースでもその相談内容だけでなく、いろんな角度でその人の全体像をみるということが基本です。

周囲は、好きな人ができたらコクって、デートして、キスして、セックスして……と先々を心配してしまうのですが、青年たちの話をよく聞いていると、「腕を組んでいちゃいちゃしたい」「一緒にトレンディなところに行きたい」と目を輝かせて語ってくれるのですが、「毎日会いたい？」と聞いても「毎日だと疲れるから休みの日だけでいい。あとはメールがいい」だったり、「キスはしたいけれど、エッチはまだ早い」だったり、意外と控え目な部分もみえます。

本人の気持ちとペースを尊重して

みんながみんなそうではないでしょうが、憧れだった「恋人がいる私」をじっくり楽しんでいるだけの人もいるでしょう。そこから本当にその人と一緒にいることの心地よさや安心感、幸福感が育ってきて、もっと次のステップを求めていくようになる人もいるでしょう。なかには支援を受けながら同棲や結婚に至る場合もあるでしょう。あるいは、お試し同棲をしたけれどやっぱり結婚はやめるという結果になるかもしれません。「恋愛は最良の人生の練習問題」といわれているので、失恋もやり直しも大いに経験してほしいものです。

まずは本人のそのときそのときの気持ちを丁寧に聞いて、どうしたいのか一緒に考えていきましょう。何よりも、相談できる人や場があるということが大事です。そうすれば支援の方向も自然とみえてくるでしょう。

娘さんなりのペースで愛を育てていけるよう見守ってください。そのうち二人きりでデートができるようになったらお祝いものです！

学びと失敗ができる場を家庭以外に

ところで、その支援をするのは家庭なのでしょうか。

「大人になった」と自負している青年たちにとっては、家庭でも職場でもない青年学級のような「第三の場」が必要です。そこには仲間や支援者の集団があって、みんなで自由に「恋バナ」ができ、お悩み相談やデート作戦もでき、お試しのグループデートも経験できるといいですね。

家庭や学校では十分にできないかもしれない「恋愛講座」という学びをみんなですれば、共感しながら、ストンと青年たちのこころに届きます（33参照）。たとえ失敗しても「もうオレの人生は終わった～」だけにはなりません。家庭はそんな場を保障するだけ。あとは暖かく見守ってください。（永田三枝子）

先生、相談です。

青年期に向けて

28歳　男子

知的障害

グループホーム・特例子会社

39 生活も収入も不安定なのに、結婚できるのでしょうか

彼女ができ、おつきあいが続き、親や職員も相談にのりながら、3年たちました。抱き合ったり、キスしたりはしているようですが、それ以上の関係には至ってないようです。結婚を意識しているようですが、相手の親御さんは反対しています。今の生活状況や収入では、私も結婚は難しいと思うのですが……。

二人の気持ちは?

3年間おつきあいをした二人です。結婚にどういうイメージをもっているのでしょうか。一度、結婚、そして一緒に生活をするということについて、考えを尋ねてみてはどうでしょうか。食事はどうする? 洗濯、掃除は誰がする? 住む家は? など。もちろん金銭面も重要です。お金については、二人で働いたお金と障害基礎年金を合わせるとどのくらいの収入になるのか、計算してみる必要があるでしょう。

二人が一緒に暮らしたい、ずっと一緒にいたいという気持ちが本当に強いようなら、結婚についてまわりの人たちで一緒に相談をしていってはどうですか。いちば

ん大切なのは、二人の強い気持ちです。

相手の親御さんの反対する理由は何？

相手の親御さんには、結婚に反対する理由をじっくりと聞いてみてください。おそらく、障害があるという理由で反対されていると考えられます。現在の日本では、まだまだ障害のある人たちの結婚についての理解が進んでいません。特に知的障害のある人同士については厳しい目があります。知的障害のある人の結婚は本当にわずかです。

しかし、２０１４年に日本でも発効した「障害者の権利に関する条約」の第23条（p97コラム参照）では、障害のある人の家庭をもつ権利、子どもをもつ権利、性教育を受ける権利が認められています。障害があるからといって結婚に反対する理由にはならないのです。二人の気持ちが強いものであるなら、応援していきたいものです。

支援を受けて生活することができる

保護者が反対をする理由の一つには、二人の生活の世話を自分たちがしなければならないという思い込みがあるかもしれません。障害のある人は福祉制度の利用ができます。たとえば、家事援助のヘルパーを利用すると、食事作りや掃除、洗濯な

どの家事を手伝ってもらえます。また、二人でグループホームを利用しての生活もできます。そこには世話人がいて、食事作りや家事だけでなく、生活全般にわたっていろいろと相談にのってくれます。

金銭管理が不安な場合は、誰かに手伝いを頼んだり、社会福祉協議会の日常生活自立支援事業を利用したりすれば安心です。また、二人の収入を合わせて約17万円に満たない場合、各市町村にある障害者基幹相談支援センターに行って生活保護を受ける相談をするといいでしょう。その申請には相談員の付き添いを依頼できます。「日本国憲法」第25条には「すべて国民は、健康で文化的な最低限度の生活を営む権利を有する」と定められており、その保障が生活保護費です。ぜひ、相談・申請を勧めてください。

お試し生活の勧め

二人で暮らすということがどういうものか体験するために、お試し生活を勧めてもいいでしょう。家具つきの賃貸住宅を借りて生活をしてみる、どちらかの家で一緒に生活をしてみる、というのはどうでしょう。二人で暮らしてみて、生活が楽しい、暮らしていけそうだと思ったら籍を入れて結婚をする。また、籍を入れずに生活を一緒に続けるという選択もあります。暮らし方も二人だけの生活だけでなく、どちらかの家で家族と一緒に暮らす、グループホームで暮らすという方法もあります。大切なことは、「障害があるから難しい」ではなくて、どうしたら二人が一緒に暮らせるのかを、当人たちと彼らをとりまく人たちで考えることです。

そして、大切なこと

二人は抱き合ったり、キスしたりはしているようですが、それ以上の関係には至っていないなさそうとのこと、ぜひ、性交・セックスについても二人に話してみてほしいのです。交際はもう3年です。愛し合っているのなら、からだの触れ合いをすることは自然な行為です。

そのときに、妊娠と性感染症の心配があることを伝え、それを防ぐのはコンドームであること、その装着についても練習が必要です（30参照）。妊娠については、二人でよく話し合って、赤ちゃんが欲しい、育てたいと二人が強く望むのなら、それも可能であることを伝えてください（36参照）。障害のある夫婦が子どもをもち、子育てをしている実例もあります。決して不可能なことではありません。

困ったらまわりの人たちに「手伝ってほしい」「助けて」と言えることが大切です。あきらめず、壁を乗り越えていってもらいたいものです。二人には、自分たちから「○○したい。だから相談にのってほしい」と言えるようになってもらいたい、そうするとまわりの人たちは、きっと喜んで応援してくれることでしょう。（千住真理子）

おわりに

最後までお読みいただき、ありがとうございました。なかには、驚かれたり、ショックを受けられたりした項目もあったかもしれませんが、保護者の皆さんの、お子さんの「性」にかかわる悩みの一つでも二つでも解決したのであれば幸いです。ご家庭の中で取り組めることについては、焦らずに、一つひとつ丁寧に進めていっていただければと思います。障害児教育の歴史の中では「のんき・こんき・げんき」という言葉を大切にしてきましたが、「性」のことについても、「もう待ったなし！」と焦ることなく、少し「のんき」に構えるくらいがうまくいくのではないかなと思ったりもしています。

本文中に何度となく示されているように、お子さんの「性」にかかわる支援を家庭の中だけで完結することは望ましいことではありません。学校や放課後等デイサービスなど、こころを開ける仲間のいる集団で、仲間とともに学び合うということが非常に重要になります。ぜひ、この本や、この本で紹介した本を教師や支援者にも伝えてください。そして、一緒に、性と生の教育や支援を創っていっていただければと思います。

十分な性教育を受けてこなかった大人たちが、子どもたちに性教育を行うことができずにいる現状は、少し厳しい言葉ですが、「性教育のネグレクト状態の連鎖」と表現することができます。この負の連鎖から一刻も早く抜け出さなくてはなりません。コラムや本文の中で、「障害者の権利に関する条約（障害者権利条約）」第23条にふれていますが、この条文は、この負の連鎖を断ち切るための支えとなるものです。この本を手にした皆さんが、私たちと一緒に、この負の連鎖を断ち切る営みに参画していただければ、この上ない幸せです。

最後に、この本を出版するにあたり、大変お世話になりました本の種出版の小林恵子さんに感謝の言葉をお伝えしたいと思います。

執筆者を代表して（編者）　伊藤修毅

参考図書

- 浅井春夫著『子どもの性的発達論［入門］―性教育の課題にチャレンジする試論 10 章』（十月舎、2005 年）
- 浅井春夫編『はじめよう！　性教育―すべての子どもが性を学ぶための入門書』（ボーダーインク、2012 年）
- 安達倭雅子著『増補版　暮らしの中の性教育』（北海道新聞社、2009 年）
- 伊藤修毅編著『イラスト版　発達に遅れのある子どもと学ぶ性のはなし―子どもとマスターする性のしくみ・いのちの大切さ』（合同出版、2013 年）
- 岩室紳也著『思春期の性―いま、何を、どう伝えるか』（大修館書店、2008 年）
- 浦河べてるの家著『べてるの家の恋愛大研究』（大月書店、2010 年）
- 太田敬志・木全和巳・中井良次・鎧塚理恵・“人間と性”教育研究協議会児童養護施設サークル編『子どもたちと育みあうセクシュアリティ―児童養護施設での性と生の支援実践』（クリエイツかもがわ、2005 年）
- 大戸ヨシ子・佐藤明子・村瀬幸浩編著『ここがポイント！　性と生のはなし 60 選』（エイデル研究所、2007 年）
- 北沢杏子著『知的障害をもつ子どもの性教育・性の悩み Q & A―幼児から 10 代まで』（アーニ出版、2005 年）
- 木全和巳著『〈しょうがい〉のある思春期・青年期の子どもたちと〈性〉―おとなになりゆく自分を育む』（かもがわ出版、2011 年）
- ここから探検隊制作『思春期サバイバル―10 代の時って考えることが多くなる気がするわけ。』（はるか書房、2013 年）
- 坂爪真吾著『セックスと障害者』（イースト新書、2016 年）
- ジーニー・ウーレンカム著／木全和巳・田倉さやか訳『Q&A 思春期のアスペルガーのための恋愛ガイド』（福村出版、2012 年）
- ジェリー・ニューポート、メアリー・ニューポート著／ニキ・リンコ訳『アスペルガー症候群　思春期からの性と恋愛』（クリエイツかもがわ、2010 年）
- 関口久志著『性の“幸せ”ガイド―若者たちのリアルストーリー』（エイデル研究所、2009 年）
- 千住真理子著／伊藤修毅編『生活をゆたかにする性教育―障がいのある人たちとつくるこころとからだの学習』（クリエイツかもがわ、2015 年）
- 高柳美知子著『ママ、パパおしえて！―パパにはオッパイはないの？　赤ちゃんはどこからくるの？』（子どもの未来社、2006 年）
- “人間と性”教育研究協議会編『人間発達と性を育む―障害児・者の性』（大月書店、2006 年）
- “人間と性”教育研究協議会障害児サークル編『障害児（者）のセクシュアリティを育む』（大月書店、2001 年）
- 橋本紀子・田代美江子・関口久志編『ハタチまでに知っておきたい性のこと』（大月書店、2014 年）
- ミッシェル・マッカーシー、ディビット・トンプソン著／木全和巳訳『知的障害のある人たちの性と生の支援ハンドブック』（クリエイツかもがわ、2014 年）
- 村瀬幸浩著『性のこと、わが子と話せますか？』（集英社新書、2007 年）
- 村瀬幸浩著『男子の性教育―柔らかな関係づくりのために』（大修館書店、2014 年）
- 村瀬幸浩編著『セクソロジー・ノート：性―もっとやさしく もっとたしかに』（子どもの未来社、2014 年）
- 薬師実芳・笹原千奈未・古堂達也・小川奈津己著『LGBT ってなんだろう？―からだの性・こころの性・好きになる性』（合同出版、2014 年）
- ろくでなし子著『私の体がワイセツ ?!―女のそこだけなぜタブー』（筑摩書房、2015 年）

編者紹介

伊藤修毅（いとう　なおき）

日本福祉大学教育・心理学部子ども発達学科学校教育専修特別支援教育コース准教授。1974年神奈川県生まれ。高等養護学校教諭を経て、2009年奈良教育大学大学院教育学研究科教育実践開発専攻教育臨床・特別支援教育専修特別支援教育分野修士課程修了、2012年立命館大学大学院社会学研究科応用社会学専攻博士後期課程修了。同年、日本福祉大学に赴任。“人間と性”教育研究協議会障害児・者サークル代表、全国障害者問題研究会愛知支部長。
おもな編著書に『イラスト版　発達に遅れのある子どもと学ぶ性のはなし―子どもとマスターする性のしくみ・いのちの大切さ』（合同出版、2013年）、『生活をゆたかにする性教育―障がいのある人たちとつくるこころとからだの教育』（クリエイツかもがわ、2015年）などがある。

著者紹介

“人間と性”教育研究協議会障害児・者サークル

“人間と性”教育研究協議会は1982年設立。「科学・人権・自立・共生」をキーワードとして性教育の推進に努める。障害児・者サークルはその51番目のサークルとして1996年にスタート。障害児・者の健やかな発達と幸せな人生を願う父母、教師、職員そして障害者本人たちとともに実践と研究を重ねている。
伊藤正恵（いとう　まさえ）
木全和巳（きまた　かずみ）
坂戸千明（さかと　ちあき）
鈴木良子（すずき　りょうこ）
千住真理子（せんじゅう　まりこ）
田中紀子（たなか　のりこ）
谷森櫻子（たにもり　ようこ）
永田三枝子（ながた　みえこ）
永野祐子（ながの　ゆうこ）
任海園子（とうみ　そのこ）
半田優子（はんだ　ゆうこ）
東みすゑ（ひがし　みすゑ）
日暮かをる（ひぐらし　かをる）
船越裕輝（ふなこし　ゆうき）
八巻真弓（やまき　まゆみ）

発達障害の子の子育て相談⑤
性と生の支援
性の悩みやとまどいに向き合う

2016年9月25日　初版第1刷発行
2022年1月11日　初版第4刷発行

編　者　伊藤修毅
著　者　"人間と性"教育研究協議会障害児・者サークル
発行人　小林豊治
発行所　本の種出版

〒140-0013　東京都品川区南大井3-26-5　3F
電話 03-5753-0195　FAX 03-5753-0190
URL https://www.honnotane.com/

本文デザイン　小林峰子
イラスト　いなのべいくこ
DTP　アトリエRIK
印刷　モリモト印刷

ISBN 978-4-907582-10-4
Printed in Japan